作家笔名趣话

武德运　著

中原出版传媒集团
大地传媒

大象出版社
·郑州·

图书在版编目(CIP)数据

作家笔名趣话 / 武德运著.— 郑州 : 大象出版社,
2017. 4
ISBN 978-7-5347-9133-8

Ⅰ. ①作… Ⅱ. ①武… Ⅲ. ①作家—人物研究—
世界—现代 Ⅳ. ①K815. 6

中国版本图书馆 CIP 数据核字(2017)第 017411 号

作家笔名趣话

武德运 著

出 版 人 王刘纯
责任编辑 石更新
责任校对 霍红琴 陶嫒嫒
装帧设计 张 帆

出版发行 大象出版社(郑州市开元路 16 号 邮政编码 450044)
发行科 0371-63863551 总编室 0371-65597936
网 址 www.daxiang.cn
印 刷 河南文华印务有限公司
经 销 各地新华书店经销
开 本 787mm×1092mm 1/16
印 张 14
字 数 125 千字
版 次 2017 年 4 月第 1 版 2017 年 4 月第 1 次印刷
定 价 35.00 元
若发现印、装质量问题,影响阅读,请与承印厂联系调换。
印厂地址 新乡市获嘉县亢村镇工业园
邮政编码 453800 电话 0373-5969992 5961789

目 录

姓氏名号及其他

姓名是人们相互区别、相互联系的标志和符号，每个人都有自己的姓名，概莫能外。就一个人来说，往往有“小名”和“大名”之分。小名亦称“乳名”或“幼名”，是出生不久起的名字，一般比较随意。大名亦称“官名”或“官号”，是在正式场合用的名字。此外，有的作家（作者）、学者还有笔名，少部分作家，尤其是书画家，还有字、号——这是过去的遗风。

现代人物的姓名是古人姓名发展衍化的结果，当然不可避免地带有时代的印记。相对来说，现代人的姓名比古人的姓名要简单得多。那么，古人的姓名是怎么一回事呢？概括说来，古人有“姓”有“氏”，还有“字”“号”等。

据历史学家研究，中国人的“姓”起源于距今五六千年的远古时代，即母系氏族社会。据学者研究，绝大多数国家的人都有姓氏，但从人类历史看，人人都有姓氏只是近几百年的事，中国人则要早得多。

在古代，先有“姓”后有“氏”。“姓”与母系社会有关，“姓”字由“女”和“生”组合而成，反映了母系氏族社会的特点。上古社会，一个姓就是一个族的族号、一个部落的标记。后来，子孙繁衍，一个部落又分为若干分支，散居各地，每个分支用一个特殊的称号作为标志，于是出现了“氏”，所以说先有“姓”后有“氏”。“姓”是血缘关系的标志，是不变的；而“氏”是同姓大族派生的分支，是可以变的。“氏族”这个名称是后世给定的，“氏”即“姓”，“族”即“家族”。由此可见，“姓”和“氏”是两个概念，既有区别又有联系。也就是说，“姓”因生而定，是不变的；“氏”因家族而分，是可变的。后来由于社会制度和生活习俗的变化发展，“姓”与“氏”的界限逐渐消失，自秦汉以后，合二为一，成为一个概念，统称为“姓氏”。简化称谓也是社会进步的表现，表示人类社会朝着便利生存、生活的方向发展。

那么，“名字”又是怎么一回事呢？现在“名”和“字”合在一起，是一个概念，在古代却是不一样的。“名”是幼小时所取，是一个人在社会上的代号。长大以后，“男子二十冠而字”,“女子许嫁笄而字”,意思就是说,男子20岁举行“冠礼”,就是把头发挽起来盘成发髻,表示已长大成人;女子到15岁把头发盘成发髻,插上簪子,说明是到了可以结婚的年龄了。这就是说,男女都是到成年时取“字”,所以“字”就是根据各人的名字而取的“别名”。“古者,名以正体,字以表德。”所谓“字”,往往是“名”的解释和补充,与“名”互为表里,所以又称“表字”。正因为“字”是根据名而取的,在意思上当然多有联系,故“闻名即知其字,闻字即知其名”。例如,屈原名平,字原。《尔雅·释地》曰:“广平曰原。”杜甫字子美,《说文》曰:“甫,男子之美称也。”韩愈字退之,“愈”是超过、进取的意思,“退之”与“愈”的意思相反,反映了儒家折中、调和的观点。白居易字乐天,“居易而乐天”,名与字互补。岳飞字鹏举,举就是飞。如此等等。名和字的联系有多种类型,有的一目了然,有的是近义词、反义词,或者由于古今语义的变迁还得费一番考究,但不管如何,总是有这样或那样的联系。一般熟人相见,对自己,在别人跟前称名,以示谦虚;对别人,称字而不称名,以示亲切、敬重,同时也反映称人者有教养。名和字连着说的时候,通常是先称字后称名。

一些文人或有身份的人,在名和字之外还有“号”。“号”是一种固定的“别名”,所以又称“别号”。《说文》解释:“号,呼也。”称呼别号表示特别的敬重。古代文人往往以自己的志趣、住地、爱好等为据取号。陶潜因住宅旁有五株柳树而自号“五柳先生”，李白号“青莲居士”，杜甫号“少陵野老”，欧阳修号“醉翁”，白居易曾在河南洛阳香山筑石楼而取号“香山居士”，近代人邹容号“革命军马前卒”，秋瑾号“竞雄”。至于号的形式，有两个字的、三个字的、四个字的及四个字以上的。与“号”有关的还有绰号、混号、诨号等。这些一般都是别人给起的，可以统称为“外号”。“外号”有时还有戏谑的意味。江湖武侠多有外号，如花和尚鲁智深、及时雨宋江、豹子头林冲、黑旋风李逵等。此外，还有一些对特定人物的尊称，那并不算正式的名字，如“大成至圣先师孔子”“诗圣杜甫”“药圣孙思邈”“书圣王羲之”“茶圣陆羽”“江南第一风流才子唐寅”等。

古时候，为了表示对一些人的尊敬，还有称地望、官爵、谥号的习俗。所谓“地望”，是指名门大族所特有的标识其身份的籍贯。人们为了表示对有声望的人的敬佩和仰慕，往往在姓之后加上地名。譬如，唐代诗人韩愈自称昌黎人，就称他为“韩昌黎”；唐代诗人柳宗元系河东人，亦称“柳河东”。称官爵的，如屈原称为“三闾大夫屈原”，杜甫称为“杜工部”“杜拾遗”，王维称为“王右丞”等。谥号，则是对古代帝王、王公大臣等有特殊贡献的人，朝廷在他们死后根据他们的生平行为给的一种特殊称号，如周宣王、隋炀帝、范文正、岳武穆。

还有在姓之后加“子”字的，表示对男子的尊称或美称，如孔子（本名孔丘）、墨子（本名墨翟）、老子（本名李耳）。当然这不是一般人可以享用的称呼，在古代特指有学问的人。

古人的姓、氏、名、号等多种称呼，确实比较繁复，明代思想家、文学家李贽就严厉地批评过这种现象。现代人的名字简单明了，当然是社会进步的表现。古人姓、氏、名、号等多种称呼是历史形成的，是客观存在的，应当有所了解。掌握古人的姓、氏、名、号等有关知识，对我们学习传统文化很有帮助，因为这些常用作文集名或有关书名，如李白的《李太白诗集》、杜甫的《杜工部集》、欧阳修的《欧阳文忠公集》、陆游的《陆放翁诗集》、张载的《横渠先生学案》等。

名字：个体的代号和标志

一个人的姓名，是他在社会上的代号，是人生个体的标志，如影随形，须臾不可离开。所以说，姓名是每一个人的忠实伴侣，相伴终生。名字无论典雅或平淡、风趣或质朴，都无不包含着父母（或长辈）或自身的某种理想、信念、志趣和愿望，有的还有一定的纪念意义。正因为这样，人们的情况不同，想法各异，素养参差不齐，就使名字形形色色、千奇百怪，形成了五彩缤纷、异彩纷呈的状况。

姓名是中华文化的特殊现象，常常有许多讲究和蕴含。它往往带有时代的烙印。譬如，1945 年抗战胜利后出生的人，不少人叫“胜利”；1949 年出生的人，不少人叫“解放”；

1950年出生的人，不少人叫“抗美”；“文化大革命”期间出生的人，不少人叫“红卫”“文革”“卫东”等。

取名也反映了取名者的文化素养。譬如，同是1945年出生的人，有的人叫“投降”，因为这一年日本投降了；1949年出生的人叫“改朝”，认为解放是改朝换代了；统购统销时出生，正好多分了一份口粮，就取名“占粮”；等等。

在一定程度上说，中国人名的变化好似一本历史书，因而对姓名的起源、衍变、内涵、特点和规律这种文化现象进行研究，就形成一门专门的学问“姓名学”。人们都希望有一个吉祥如意、内涵丰富、悦耳动听又与众不同的名字。说起取名来，确实颇费斟酌，正如严复所说：“一名之立，旬月踌躕。”名字通常是父母或其他长辈所取，并且随着时代的变迁而不断发展变化着。

在古代和近代，有的人除姓名外还有字、号等，作为名字的补充。解放后，一般人只有平时常用的姓名，有的还有幼名（乳名），没有字、号。20世纪初，不少文化人（作家、书画家）给自己取笔名，发表作品时署用，从事艺术工作的人还有艺名。有的笔名、艺名甚至代替了本名。如，著名电影演员白杨，原名杨成芳，后改用艺名杨丽，又改为白杨；著名粤剧演员红线女，原名邝健廉，自幼学戏，深得老师喜爱，觉得她像《红线盗盒》中的使女红线，就给她取了艺名“红线女”；著名电影演员王丹凤，原名王玉凤，“王丹凤”则是艺名；著名豫剧演员常香玉原名张妙玲，又名张妙龄；著名豫剧演员牛得草，原名牛俊国。

名字一般都是一两个字，却比任何诗句都精练，把深刻的内容浓缩到一两个字之中，见微知著，使人浮想联翩。譬如，无产阶级革命家、军事家，全国政协副主席何长工，原名何坤。1927年大革命失败后，白色恐怖笼罩湖南，因何坤一名影响太大，要转入地下，就必须改名。毛泽东因他曾学过工，就给他改名“何长工”，并说：“‘长工’这个名字不错，要为革命打长工嘛！”著名哲学家艾思奇，原名李生萱，因看电影《爱斯基摩人》受到启发，改名“艾思奇”，“艾”与“爱”谐音，“奇”是勇敢强悍的爱斯基摩人的谐音，又有马克思的“思”字与“伊里奇·列宁”的“奇”字，表达了对两个革命导师的敬仰与爱慕之情，所以就以“艾思奇”做了新名。萧军（原名刘鸿霖）、萧红（原名张乃莹）是一对革命情侣，当时他俩和鲁迅通信，并分别以“萧红”“萧军”作为笔名，两个笔名连在一起是“小小红军”的意思，表示对红军革命事业的向往。

长期以来，中国人很重视名正言顺、名副其实，一个人的姓名，既是符号，又是标志、名声，更是品牌。固然，一个人的为人主要看他的行为，而不是看他的名字（君不见，一些违法乱纪的人，往往还有一个不错的名字。这当然是一种反讽。

但当初叫这个名字，至少反映了起名者的良好期望。当然名字并不能束缚行为），但不言而喻，人们希望名实相符。至于有一个好名字，却做了不光彩的事，是名字的使用者违背了起名者的初衷罢了。仔细揣摸一下众多的名字会发现，错综复杂的含义折射出时代的特征、文化的底蕴、思想的深沉、希望之所在。

当你听到相识者与不相识者呼唤自己的名字时，往往都会随口答应，笑脸相迎。一个人从小到老不止千万次听到过别人呼喊自己的名字，本人也无数次写过自己的名字。每一个人，不管上学、就业、考试、升迁、外出，以及书写各式各样的条据、填写各种各样的表格，都在一遍又一遍写着自己的姓名，其实这就是书写自己的历史。因此，每一个人都应十分重视自己的历史，超然处世，超然生活，正如宋代政治家、文学家范仲淹所说“不以物喜，不以己悲”，对名多少、利多少，成几何、败几何，都应心胸宽广，不去斤斤计较。这样就会明辨是非，毅然决定该做的事、该走的路，决不会过多地计较名利，为名缰利锁所束缚，犹豫困惑，迈不开前进的步子。这样一来，你的名字、你的历史就会逐渐变得清白、纯正、朴实甚至伟岸起来，“粉骨碎身浑不怕，要留清白在人间”（明·于谦）。要声名远播，用今天话来说就是产生轰动效应，对一般人来不容易，甚至有点不现实，但“明礼仪，知廉耻”，扬名显姓，荣宗耀祖，倒是可以做到的。用通俗的话来说，就是多做对社会、对人民有益的事。这是人人都可以做到的，但并不是人人都能做到。扬名显姓，荣宗耀祖，从正面理解，是诱导人们多做好事，多做善事，利于人们的进步、社会的和谐，不应简单地认为是封建糟粕而加以否定。“不假良史之辞，不托飞驰之势，而声自传于后。”（魏·曹丕《典论·论文》）也就是说，“但行好事，莫问前程”。一个人的名字，不仅要工工整整地写好，还要有社会意义的内涵去装扮它、充实它。为了自己，为了父母，为了子孙，为了祖国，你必须珍惜自己的名字。范仲淹说过“居庙堂之高，则忧其民；处江湖之远，则忧其君”，“先天下之忧而忧，后天下之乐而乐”（《岳阳楼记》）。历代的仁人志士、民族精英都去珍惜、擦亮自己的名字，才有了中华民族五千年辉煌的历史。

每一个人都是历史长河中的匆匆过客。人只能来世一次，一般也只有一个名字。人过留名，雁过留声。“人生自古谁无死，留取丹心照汗青。”（宋·文天祥《过零丁洋》）所以，每一个人都务必将自己的名字写正。只有每一个中国人都像爱护自己眼睛一样看护自己的名字，从我做起，从身边做起，从小事做起，“中华人民共和国”这个大名字才会日益辉煌，光耀寰宇！

作家习惯用笔名

作者发表作品都喜欢另用一个假名，也就是笔名。有的人将笔名随用随换；有的人将笔名与本名参互使用；有的人发表作品专用一个或几个笔名，原来的名字倒很少有人知晓，甚至湮没无闻，以至于笔名代替了本名。虽然不能说每一位作家（作者）都有笔名，但可以说相当多的作家（作者）都在用或曾经用过笔名。至于说有多少作家（作者）用过笔名、多少作家（作者）没有用过笔名，的确说不清。只能说用笔名的作家（作者）相当多，不可胜数。尤其是老一代作家，也许受当时说话不自由的环境的影响，有的人用过的笔名就有数十个，甚至上百个。

学过现代文学史、喜爱现代文学的人，几乎都知道中国现代文学史上的“鲁郭茅，巴老曹”具体指哪几位作家，而这六位都是以笔名闻名于世的：鲁迅本名周树人，郭沫若本名郭开贞，茅盾本名沈德鸿，巴金本名李尧棠，老舍本名舒庆春，曹禺本名万家宝。

不仅他们六人如此，其他作家，尤其是老一代作家，用笔名的也很普遍。我在这里列举出一些人，请读者诸君问问自己：这些名字中哪些是本名？哪些是笔名？

阿英、丁玲、艾青、周扬、胡适、柳青、张光年、林海音、胡风、流沙河、止庵等。

以上这些以及未列出名字的诸公构成了20世纪和21世纪中国文学的灿烂星空。管中窥豹，由此可知作家笔名之一斑。可以说，中国现代文学和当代文学是和笔名紧密联系在一起的。

下面不妨对这些人作一简单介绍：

阿英（1900—1977），安徽芜湖人。著名文学史家、戏剧家、藏书家。本名钱德富，改名钱杏邨。笔名有丁君吾、钱谦吾、魏如晦、阮无名等，最为大家所熟悉的笔名是阿英。

丁玲（1904—1986），湖南临澧人。著名女作家，曾任左联党团书记、左联机关刊物《北斗》主编。新中国成立后曾任中央文学研究所（后改为文学讲习所）所长、《文艺报》主编、中国作协副主席等。本名蒋伟，又名丁冰之。她还用过其他一些笔名，不过丁玲是她主要的笔名。

艾青（1910—1996），浙江金华人，著名诗人。曾任延安《诗刊》主编，新中国成立后曾任《人民文学》副主编、中国作协副主席等。本名蒋正涵，学名蒋海澄。笔名艾青启用于1932年。

周扬（1908—1989），湖南益阳人，著名文艺理论家。曾任鲁迅艺术院院长、延安大学校长。新中国成立后可以说是文艺总管，曾任文化部副部长、中国文联主席、中国作协副主席、中共中央宣传部副部长。本名周起应，周扬是在1936年6月5日上海《文学界》创刊号上发表《关于国防文学》一文的署名，此后就沿用了下来。

胡适（1891—1962），安徽绩溪人，著名学者。曾任北京大学校长、“中央研究院”院长。本名胡洪骍。用过几个笔名，但以胡适一名最为出名。

柳青（1916—1978），陕西吴堡人，著名作家。曾任作协西安分会副主席。本名刘蕴华，笔名柳青是1936年发表作品始用的署名。

张光年（1913—2002），湖北光化（今老河口西北）人，著名文学评论家、诗人。曾任中国作协书记处书记、副主席。本名张文光，笔名光未然等。《黄河大合唱》歌词即署名光未然（作曲：冼星海）。

林海音（1918—2001），台湾女作家，本名林含英，笔名海音。

胡风（1902—1985），湖北蕲春人，著名诗人、文艺理论家、文学翻译家。本名张名桢，笔名张光人、K.J、X.F、谷音等。胡风是20世纪30年代起常用的一个笔名。

流沙河，生于1931年，四川金堂人，著名诗人，本名余勋坦。

止庵，1959年生于重庆，出版著作多种，曾任新星出版社总编辑，本名王进文。

署用笔名为哪般

作家为什么要用笔名？很难一概而论。可以说一个人有一个人的想法，一个名字有一个名字的情况，很难笼统地说是为什么。根据本人掌握的情况，归纳一下，比较常见的有下列十种状况。

第一，初次涉足文坛，刚开始试着发表作品，不好意思让人知道是自己所为。冰心最初就不用本名谢婉莹，郁达夫也不例外。郁达夫在谈到署名时这样说："直到两三年后，觉得投稿已经有七八成把握了，才忐忑地用上了我的真实姓名。"

第二，有人觉得自己的作品是雕虫小技，不值一提；或是怕别人看不起，带来不好的影响。明清时代的章回小说家就是因为当时社会轻视小说，认为小说是不能登大雅之堂的东西，用真实姓名发表会影响自己的声誉，因而用了笔名。至今一些笔名成了永远解不开的谜团，使后人众说纷纭、莫衷一是。譬如，《金瓶梅》的作者“兰陵笑笑生”就是如此。

第三，有的作者怕别人知道自己的身份，发表不同意见有所顾虑，就把真名隐藏起来，署用笔名。这样别人就会畅所欲言地发表不同意见。有的作者有一定的知名度，或已是名人，但仍觉得自己的一些意见很不成熟，害怕发表出来因为自己的身份而造成不好影响，这样对自己、对社会都不好；或是希望发表不同意见引起讨论，但持有不同意见者认为自己人微言轻，有所顾虑，所以原作者就将真名隐藏起来。例如习近平在浙江主政期间，以“哲欣”为笔名在《浙江日报》连续写了四年多专栏文章，针对当时突出的社会问题、新闻热点发表自己的看法。这些文章2007年由浙江人民出版社以《之江新语》为书名结集出版，作者署名才改为习近平。

第四，为了活跃版面，吸引读者。如果某一刊物经常出现某一位或少数几位作者的名字或是某一期有同一人的几篇作品，读者会觉得单调，或是认为稿源缺乏。将同一个名字换成几个不同名字，就可以避免发生这样的猜想。譬如，茅盾在1941年出版的《笔谈》创刊号上发表了几篇文章，就分别署名“来复”“文直”“甫”“仲”等。

第五，署用不同笔名以壮大声势。在某种特殊情况下，一个人用几个名字容易扩大影响。唐弢在《翟秋白笔名印谱·序》中谈到瞿秋白的各种笔名时就说：“除本名外，往往辅以笔名，壮我党之阵容，张革命之声势，马列真谛，传布一时。”

第六，有人有几个不同笔名，各有不同用途。漫画家方成解放前在上海给《时与文》投稿时用“华山”，为杂文配画和发表杂文时用“张化”，发表漫画时用“方成”。台湾作家张秀亚写散文用“陈蓝”，写小说用“亚蓝”，写诗词用“张秀亚”。

第七，在言论不自由的情况下，署用笔名是保护自己、免遭追究的一种斗争艺术。鲁迅就经常变换笔名，但一些御用文人仍不肯放过他。所以他深有感触地说：“看见一个新的作家的名字，就疑心是我的化名，对我呜呜不已，有时简直连读者都被他们闹得莫名其妙了。”创造社作家王独清（1898—1940）在《申报·自由谈》上发表的《说文坛上的“隐”》中说，在国民党当权后，大批作家“不敢拿出真姓名来，于是便争着‘隐’。‘隐’造成了一个笔名空前的天下”。

第八，有的人要在文坛活动，却因为名声不好怕讨人嫌，就另用一个笔名以掩人耳目。张爱玲在新中国成立初期曾用过“梁京”的笔名发表长篇小说《十八春》，这是因为此前发表的《连环套》遭人批评。

第九，受别人影响，习惯成自然。有的人最初开始写作，觉得要在文坛安身立命，首要的任务就是先取个笔名，一方面是表示决心，另一方面就是以为有了笔名也就有了一切。

第十，有人需要发表作品又不愿意公开自己的身份，署用笔名，既可以使本人躲在假名（笔名）后边，又表明文责自负，倒是两全其美。

以上所说，只是面对现实进行分析，不存在赞成或反对的意见。我觉得取笔名是个人的自由，取与不取、用与不用，可以自便。

有人不赞成用笔名

笔名的出现引发不同的声音。不过相比较而言，赞成署用笔名的占大多数，不赞成的是少数。其实，对任何事物有两种不同的看法都很正常，舆论一律并不见得就是好事。客观事实是，反对者依然反对，使用者照常使用，各执一词，谁也说服不了谁。

“第三种人”苏汶在《谈文人的假名》一文中对署用笔名颇为不满。他说：“在许多动机之中，有一种是为了逃避文责，就近有点卑劣了。更不可原谅的是，在揭人阴私、对人攻击中伤时候，却用上一个自己从来不用的假名；或者，为要替自己或自己的朋友吹嘘、宣传，却用上一个假名。假名在今日，其效用是愈来愈广，其动机又决不是不得已，也不仅仅是好奇，风气所及，其流弊实不堪设想。不幸的是……特别是在用这些署名的文章里，造谣中伤的卑劣把戏玩得更多。”这里对笔名持完全否定的态度，从表面看似乎言之有理。如果利用笔名发表文章真是在“揭人阴私”“造谣中伤”，固然不应当，但他并不是泛泛而谈，而是实有所指。他是针对一些左翼作家经常受到“压迫、禁锢、杀戮”的威胁不得已而署用笔名进行责难。苏汶自称是“不偏不倚”的第三种人，但他其实并非他所宣称的那么清高。他后来充当了国民党图书审查委员会的检查官，帮助当局压迫左翼作家。他还担任过《中央日报》的主笔，况且反对用笔名的苏汶也是言行不一。他原名戴克崇，在震旦大学上学时用的名字为戴杜衡，出版《文艺自由论辩集》时署名“苏汶”，其他笔名还有“苏文”“老头儿”“江兼霞”等。难道别人署用笔名就是卑劣，到了自己就是光明正大？这是什么逻辑？

无独有偶，和鲁迅同为章太炎弟子的朱希祖也对假名（笔名）进行过非难。鲁迅以是非分明的态度给予驳斥。他说：“如以此诬陷毁谤个人之类，才可谓之‘不负责任的推诿的表示’。倘在人权尚无确实保障的时候，两面的众寡强弱，又极悬殊，则又作别论才是……朱老夫子生活于平安中……并没有什么意外的危险，所以他的侃侃而谈，仅可以供他日共和实现之后的参考，若今日者，则我以为只要目的是正的——这所谓正不正，又只专凭自己判断——即可用无论什么手段，而况区区假名真名之小事也哉。”显然朱老夫子是迂腐之论。

如此说来，新中国成立前如此，新中国成立后似乎用笔名就没有必要了。其实也不尽然，使用笔名者也还大有人在。这是为什么呢？当然不少人是习惯成自然，有的人也许是仿效别人，有的人也许有不得已的苦衷。一言以蔽之，各有需要。譬如，黄苗子 1964 年在上海出版《白石老人逸话》一书时，就因为当时还戴着“右派分子”的帽子，属于“贱民”之列，怎么还能用他本来的名字呢？只好署了“渺之”的笔名，它是“苗子”的谐音。

在当代，不赞成用笔名者也还有人。为此，邓拓还专门写了《你赞成用笔名吗？》（此文后收入《燕山夜话》书中）一文。文中说，不赞成用笔名的理由是“写文章应该采取严肃的态度，认真负责，郑重其事”，因此“文章的作者就必须写出真实姓名，以示负责；而使用笔名则是不严肃的不负责任的一种表现”。邓拓说：“这种说法，乍听起来，似乎很有道理，其实也不然。”“即便我们今天有了这样优越的社会制度，仍然没有完全取消笔名的理由。”有许多优秀的作家（作者）“笔名和本来姓名已经没有多大差别了，他们不管用什么名字，都是完全负责的”；而许多作者，“有些学习和研究的初步心得，但是不很成熟，用他的本名写文章发表，似乎反而觉得不够郑重，用一个笔名发表就比较好”。“一则在作者方面，既不考虑万一意见有错误会发生什么不良影响，又可以对自己发表的意见大胆负责。二则在读者方面，对于这种意见如果有不同的看法，更可以毫无顾忌地提出自己的见解，甚至于发表某些批评和商讨的文章。”显然邓拓是赞成使用笔名的。

也许是邓拓的文章有的人没有看到，或者不同意他的看法，不赞成使用笔名者仍“老调重弹”。譬如，有人在1992年2月24日的《中国青年报》上就发表了一篇短文《留神笔名》，仍提出反对使用笔名的意见，理由没有超出已往的看法。其实哪一个使用笔名的作者的真实姓名，报社、杂志社、出版社不掌握呢？任何时候作者都要负该负的责任，用笔名并不影响文责自负，尤其是动辄就要用身份证的今天，仅说笔名，稿酬都领不出。所以说，担心用笔名会导致不负文责真是多余的。如果真要追究责任，不管作者用什么署名都是推不掉的，套用“文革”中常说的一句话：“白纸黑字，罪责难逃！”

不可否认，有个别人利用笔名混淆视听，不过那是道德品质问题，不属于使用笔名的“区区”“之小事也哉”。所以，对于使用笔名的利与弊，得具体问题具体分析，不能一竿子打翻一船人。客观的事实是：反对者也有，不过笔名照常使用。有人不用笔名，那是个人的自由，正所谓“萝卜青菜，各有所爱”。社会是多彩的，舆论都众说纷纭，署名也不求一律，使用笔名正可作为社会宽松和谐的一种表现，你说是吧？

多式多样的笔名

笔名是作者自己取的别名。正因为笔名是自己自由所取，所以笔名的随意性大，形式多种多样。说一句夸张的话，真是千奇百怪。中国人取名字有约定俗成的习惯（其实外国人也一样）。由于笔名可以随心所欲，既可以是形成的惯例，也可以别出心裁，独具一格。有的笔名看似真名，其实却是别名；有的人明明是中国人，名字却像外国人名；有的一看就知是假名（别名），有的真假难辨；有的本是男性，却称“女士”；有的是中国人，名字却用外文字母，或是外国人名的中文音译；有的名字写成符号……有的是不得已改名，有的却纯属戏谑、自嘲。真是情况种种，难以备述。

说笔名形形色色，从来源上说是这样，从形式上来说也是如此。

有一个字的。巴金用过“芾”，鲁迅用过“豫”“敖”，巴人用过“仁”“无”“巴”，周作人用过“岂”“作”“尊”等。这些一般都是某一名字的简称。

有两个字的、三个字的。这比较常见，就不举例了。

有四个字的。茅盾用过“东方未明”“逃墨馆主”，蔡元培用过“会稽山人”，周作人用过“苦雨老人”。中国人一般不用四个字的名字（复姓除外），所以容易认出是笔名。徐调孚用过笔名“托我斯泰”。这个笔名一看就知道是由俄国著名作家托尔斯泰一名衍化而成。“我”与“尔”对应，人家称“托尔斯泰”，自己就称“托我斯泰”，有戏谑的成分在内。

还有的名字就是一个词组。譬如，第一位将《共产党宣言》翻译成中文，新中国成立后担任复旦大学校长、《辞海》编委会主编的陈望道，是浙江义乌人，他有一个笔名就是“一个义乌人”；柳亚子其中一个笔名为“中国少年之少年”；《孽海花》的作者曾朴用过“病夫国之病夫”的笔名；章士钊用过“黄帝子孙之嫡派黄中黄”的笔名；于右任用过“半哭半笑楼主”“啼血乾坤一杜鹃”的笔名。

笔名为外国名，但用中文写出。萧乾取名“塔塔木林”，瞿秋白取名“斯特拉霍夫”。

笔名用外文字母（当时汉语拼音还未实行）。陈独秀用过T.C.Chen、T.S.Chen、C.C 生，巴金用过 Ba·Kim、P·K，袁水拍用过 MVD。

另外还有一种现象，就是笔名后缀“女士”二字。女作家缀“女士”并不奇怪。譬如，草明用过“草明女士”；丁玲 1932 年 1 月在上海《公道》周刊发表《一月十七日的上海市民大会》速写，就署名“小菡女士”；1919 年五四时期冰心的第一篇白话文小说《两个家庭》送去发表时署名“冰心”，报社编辑以为加上“女士”二字更吸引人，因此她的早期作品常署“冰心女士”。由此看来，女作家将“女士”二字缀在名字后面在当时也是一种风气。当然也有女作家名字后面不加“女士”二字的。不过让人诧异的是，当时还有不少男性作家在名字后也缀上“女士”二字。譬如，郑振铎署用过“幼秋女士”，茅盾署用过“冯虚女士”，赵景深署用过“爱丝女士”“露明女士”，胡云翼署用过“拜萍女士”，周作人署用过“碧罗女士”“萍云女士”。男性作家缀上“女士”二字是在开玩笑吗？那倒不尽然。早期共产党人、马克思主义著作翻译家柯柏年，翻译恩格斯的《社会主义从空想到科学的发展》，1925 年连载于《民国日报·觉悟》时署名“丽英女士”。这样的译者对待自己工作的态度是严肃的，署名也不会马虎。男性作家名字后缀“女士”的现象大致出现在 20 世纪前半叶，一方面也许当时是一股风气，互相仿效；另一方面也可能受五四新文化运动的影响，在思想深处已基本消除几千年根深蒂固的男尊女卑的思想，偏偏乐意在男性的笔名后加上“女士”二字。

也有个别女作家用“男士”的。如，冰心抗战时在重庆为生存需要出版了小册子《关于女人》，却不愿意用她常用的“冰心”署名，就署用了“男士”这个名字。此书先由天地出版社出版，后由开明书店再版。1980 年宁夏人民出版社又出版了第三版，当然名字恢复成冰心了。

笔名不可乱猜想

作家的笔名是怎样取的？有何意义？这些都应该探讨，但必须有根据，千万不能图省事，望文生义，牵强附会，想当然地乱加猜测。如果这样，往往看似有理，实则似是而非，所谓“失之毫厘，谬之千里”。若再以讹传讹，还会贻笑大方。

文化名人郭沫若（1892—1978），四川乐山人，诗人、作家、历史学家、社会活动家。曾任中国科学院院长、全国人大常委会副委员长、中国文联主席等要职。他的学名是郭开贞。“郭沫若”一开始是发表诗作的署名。后来有人问他，“沫若”两字是不是取自佛经的“梦幻泡影”？郭沫若当即予以否定，明确回答是由家乡四川的两条河“沫水”和“若水”而来。应当说这位先生还算慎重，自己有猜想，但并不肯定，询问本人，得到了正确答案。但并不是所有人都这样慎重，也不是都有机会询问本人。有人就在那儿苦思冥想，凭自己胡乱猜测，有些看法就流传开来。这样往往是靠不住的，甚至南辕北辙。

世纪作家冰心（1900—1999），福建长乐人，本名谢婉莹。开始发表作品时怕人笑话，就取了“冰心”的笔名。一则“冰”和“莹”相近，再者笔画又简单，别人看见“冰心”也不会和她联系起来。有人却联想到唐代诗人王昌龄的“洛阳亲友如相问，一片冰心在玉壶”这句诗，认为“冰心”二字源于此。作家自然熟悉唐诗名句，从诗中取笔名似乎有道理，但冰心并不是这样。更为离奇的是，后来这一名字还和张恨水扯上了关系。著名的章回小说家张恨水（1895—1967），祖籍安徽，生于江西，本名张心远，笔名张恨水。有人就根据《红楼梦》中贾宝玉说的“女儿是水作的骨肉”一句话，说张恨水年轻时追求过冰心，冰心不同意，“恨水不成冰”，于是取笔名“恨水”，说得还煞有介事。想当然的猜想在一些人中流传开来，一直传到两家子女耳中。在两人晚年，双方子女都问过本人，两位老人都说根本没有这回事。实际情况是：张恨水青年时代喜欢南唐后主李煜的词《相见欢》，取“自是人生长恨水长东”句中“恨水”二字作为笔名，告诫自己要珍惜时间。

萧楚女（1893—1927），湖北汉阳人。中国共产党青年运动领导人之一，也是一位杰出的宣传家。他博览群书，自学成才，受到周恩来的称赞。他曾任团中央机关刊物《中国青年》主编、《国民日报》社长，曾协助毛泽东编辑《政治周报》。萧楚女本名萧树烈，学名萧楚女。他的文章文笔流畅，说理透辟，在读者中引起很大反响。不少青年男子由名字猜想他定是位“楚楚动人的女子”，求爱信纷纷飞到编辑部。不得已他就以“醜侣”为笔名（当时“醜”字还没有简化为“丑”），在报刊登声明，说明自己并非楚楚动人的女子，“自己身材高大，皮肤黝黑，并略有麻子之大汉也”。实际上，此笔名的含义是楚地的爱国者。他是湖北人，湖北古称“楚”，“女”指“爱国者”，与“楚楚动人的女子”风马牛不相及。

著名作家叶永烈生于1940年，浙江温州人。他有久远、叶舟、叶青、叶杨、叶烈、叶艇、咏贝、杨青、阿烈、柯烈、肖勇、萧勇、铁井、艾学化等多个笔名。对“叶永烈”一名，有人以“在烈火中永生”句，猜想是叶挺之“叶”，永生之“永”，烈火之“烈”，故取名“叶永烈”。实际情况是：“叶”是他的本姓，“永”字是排行“永”字辈，“永烈”是希望“永远轰轰烈烈”之意，同时也因为“永”字有“水”，“烈”字有“火”，叫“永烈”就“水火平衡”了。

笔名何其多

作家喜欢用笔名，司空见惯。笔名随意性大，可随便更换，也可以随用随弃，完全是作家个人的自由和兴趣，别人无权干涉。说笔名“多”，是指用笔名的人多，还是一个人的笔名多？应当说两个意思都有。作家发表作品署用笔名的相当普遍。有的人频繁变换笔名，发表的作品多，笔名就特别多。

何为作家？《辞海》称：“古指文学上有卓越成就的人。”现在指什么，没有说。如果说现代作家指作家协会的会员，那么，难道全国各级作家协会的会员都是作家？作家协会只是一种组织形式，如果说加入作家协会组织的才算作家，那么退出作家协会组织（虽然很少，但有这种现象）的就不是作家了？

未加入作家协会组织，但其作品数量、质量超过某些作协会员是完全有可能的，难道他们不算作家？如果这样，那么作家不就成了只看形式而不看作品的摆设？不就本末倒置了吗？

再就是，“作者”和“作家”的界限如何划分？《辞海》称“作者”为“通过自己的直接创作活动产生文学、艺术和科学作品的自然人”。

看来“作者”和“作家”没有严格的界限和十分科学的定义。当然在人们心目中也有约定俗成的看法，一般认为发表过文学艺术作品，并且有一定影响的作者可以称作“作家”，而有作品发表，就称“作者”。“作家”当然也是“作者”。

既然没有严格的区分标准，我们就不必去抠字眼。为了行文方便，我们将发表过作品的都称“作家”吧！发表过文学艺术作品的称为作家，那么发表过其他社会科学以及科技文章的作者，从广义上来说，也可以作为作家看待。

如果要问，有多少作家用过笔名？这很不好说。只能从印象上说，相当多的作家都用过笔名。如果进一步问：有哪些作家用的笔名多？谁用的笔名最多？谁都说不准。这是为什么呢？一般说来有以下五点原因：

其一，有的作家，尤其是用的笔名多的作家，笔名也是陆续发现的，很难一下子说清楚。譬如，鲁迅是学术界用力最勤、考证最详的一位作家，至今已考证一百七八十个笔名，但谁也不敢说一个都不少了，只能说基本上都挖掘出来了。这也是逐渐搞清楚的。鲁迅逝世时，1936 年北京《实报》半月刊登出的鲁迅笔名是 84 个；1980 年出版的高信《鲁迅笔名探索》收的鲁迅笔名是 127 个；2006 年出版的李允经《鲁迅笔名索解》收的鲁迅笔名有 170 多个；现在大体离 200 个不远了。

其二，统计方法不一，结果不一样。有的作者署名“记者”“编者”“编纂者”“××××（按：单位名称）同人”“译者”等，以及借署别人的名字，有的人不计算在内，有的却包括在内，这样统计的结果就出入很大。

其三，有的笔名连使用者本人都说不清楚，别人就更难搞清楚了。有的笔名只是偶尔一用，过后再没有用过，时间长了，连本人也记不大清楚。如夏衍就说过：“有人问我：‘你用过多少笔名？’我自己也记不清楚，好在我们这些人都没有‘敝帚自珍’的习性，那些‘即兴杂文’，也都是在乱哄哄的编辑室或者会客室里写的，有的甚至在从九龙到香港的渡轮上写的，一个笔名可以几个人合用，更谈不上版权和稿费的问题。”（《懒寻旧梦录》）。这反映的倒是实际情况，在老一代作家中，尤其在动乱年代很有代表性。《中国作家自述》的《夏衍》一文介绍，夏衍“曾用笔名有三百多个”，但《夏衍全集》中的《夏衍笔名录》也只收笔名 211 个。

其四，有人虽说用的笔名很多，但自己记不清，别人也没有一一考证出来，所以笔名是一个大约数。比如有人就说：“赵树理，杰出的新闻战士，太行太岳根据地名望最大的新闻工作者。他十二年间没有离开过这片土地，先后办过《黄河日报》……报刊，在北方局党校政策研究室和华北新华书店担任过编辑，他用过的笔名有200个之多，发表的诗歌、快板、评论、杂文约上百万字。”（张利等《太行太岳根据地新闻报刊之内蕴格调繁盛及原因》，见《新文学史料》2010年第2期）这200多个笔名现在只掌握一部分。

其五，有些笔名一时还不好确定。如，有的笔名疑是某人的，但又不能肯定；还有的名字被印错，而事后又没有更正，这个印错的名字实际成了作家的又一个笔名。

鲁迅用的笔名比较多，这大家比较熟悉，就不多谈。下面仅就我有限的接触，顺便举出笔名较多的几人：

李叔同（1880—1942），戏剧家、文学家、书画家、艺术教育家。本名李文涛，号弘一，人称弘一法师。笔名有一月、大慈、智胜、静观、晨晖老人等一百多个。

苏曼殊（1884—1918），南社诗人。发表诗作、小说、译著多种。本名苏玄瑛，笔名有玄殊、非非、苏子由、燕子山僧等五十多个。

郭沫若（1892—1978），用过的笔名有杜顽庶、羊易之、郭鼎堂、石沱、麦克昂、谷人等五十多个。

周作人（1885—1967）用过的笔名有王遐寿、萍云女士、岂、苦雨、知堂、周启明、知翁、周遐寿等一百五十多个。

巴人（1901—1972）用过的笔名有王任叔、马前卒、赵冷、行者、八戒等一百五十多个。

夏衍（1900—1995）用过的笔名有司马牛、端先、丁叔之、黄子布、姜添、秦炳著等三百多个。

笔名费思量

读者在阅读作品的同时，自然会注意到作者的署名。每当看到一个新名字，读者常常会发出“这到底是谁”的疑问。不知底细的，只能乱猜一通。想当然的猜测，猜对了很不容易，猜错了倒很普遍。有的似是而非，有的张冠李戴，有的对面相逢不相识，如此等等，不胜枚举。

唐弢刚开始学习写杂文时，也投稿到鲁迅经常投稿的《申报》的副刊《自由谈》上。文章刊出后，还有点像鲁迅的杂文，有人就误以为鲁迅又用了“唐弢”一名写杂文。后来与唐弢见面，鲁迅还调侃地说：“唐先生写文章，我替你挨骂。”解放后唐弢在《人民日报》发表“书话”文章，署名“晦庵”，引起人们注意。人们纷纷猜测“晦庵”是谁，就连王伯祥、赵家璧也跟着猜。有人猜是阿英，但到底是谁，大家却说不准。某一天，侯金镜偶然遇到《人民日报》的李希凡，就打听“晦庵”是谁，李希凡说是唐弢，大家才恍然大悟。

类似事情时有发生。徐懋庸在《申报·自由谈》上发表杂文时，林语堂以为鲁迅用了新的笔名“徐懋庸”，在一次《自由谈》编辑宴请作者的聚餐会上就向鲁迅询问，正好徐懋庸也在场，鲁迅哈哈大笑指着徐懋庸说：“这回你可没有猜对，徐懋庸的正身就在这里。”大家也都笑了起来。

看到一个新名字，要弄清到底是谁，有时还颇费周折。1936年5月30日出版的《救亡情报》上发表一篇署名“芬君”的《鲁迅先生访问记》，文后注：“本文抄就后，经鲁迅先生亲自校阅付印。”这是一篇重要文章。在这次谈话中，鲁迅对“一二·九”运动作了很高的评价，对民族统一战线应该采取怎样一种正确的方针表达了十分精辟的见解，对当时文化界抗日救亡运动提出了重要的指导性意见，因而产生了很大影响。很快，《新东方》杂志、香港《生活日报》及《夜莺》月刊，还有登太编的《鲁迅访问记》（1939年6月文化励进社出版）等书刊都全文转载，或摘要刊登。总之，这是一篇大家都很关注的文章。作者“芬君”到底是谁？为什么香港《生活日报》转载时署名又成了“静芬”？大家都希望搞清楚。有人认为是冬芬——董秋芳，也有认为是邓洁的。严家炎在1980年第1期《新文学史料》上发表了《鲁迅对〈救亡情报〉记者谈话考释》一文，对上述两人都作了否定，也言之有理。他提出，据推断和分析，“芬君”可能是“徐芬和杨芬君”，但又不能肯定，“有待进一步查考”。真是扑朔迷离，众说纷纭，莫衷一是。到1980年第3期《新文学史料》，陆诒发表了《为〈救亡情报〉写〈鲁迅先生访问记〉的经过》，才说清了原委。《鲁迅先生访问记》是陆诒写的。陆诒用“静芬”的笔名在1936年5月6日创刊的《救亡情报》上发表了《何香凝先生访问》。在1936年5月30日第4期《救亡情报》上发表《鲁迅先生访问记》时原拟仍署“静芬”，但编辑希望另换一个名字，就在稿末签署了“芬君”这一笔名。而在香港编辑《生活日报》的恽逸群与陆诒是老熟人。陆诒也是《生活日报》的驻沪记者，经常用“静芬”一名写通讯，恽逸群看到《鲁迅先生访问记》时判断是陆诒的笔法，转载时就将署名又换成在《生活日报》常用的名字“静芬”。

《新文学史料》1980年第1期发表《阿英忆左联》（吴泰昌记），文中提到阿英还用“寒生”的笔名发表过几篇文艺随笔。阳翰笙看到后著文说：“‘寒生’是我30年代初期常用的笔名之一。将我的笔名误作阿英同志的笔名，会引起混乱，应予更正。”（见《新文学史料》1980年第3期）看来就连吴泰昌这样阿英身边的人也没有搞清楚阿英的这个笔名，我们局外人当然更不清楚了，多亏阳翰笙本人出来说明。由夫子自道，说清楚笔名的来龙去脉是再好不过了。不过这样的机会也不多，有时作者本人也记不清楚，或是已经去世，有些就成了永远解不开的谜团。

另外还有人在文章中说舒芜以方管的笔名“写的《王维散论》值得一读”。这正好将他的名字搞反了。舒芜原名“方管”，舒芜才是他的笔名。固然，这仍是一个人，但既然要说，还是说准确为好。否则，以讹传讹，读者也就糊涂了。

最近有人看到《书籍广告》的小册子署名“辛雨”，怀疑可能是范用的笔名。因为范用出《叶雨书衣》（封面设计自选集）时用过“叶雨”的名字，为“业余”二字的谐音。这只是一种猜想，其实“辛雨”是上海古籍出版社总编辑钱伯城的一个笔名（详见《文汇读书周报》2011 年 1 月 14 日第 3 版）。

姓名简化成笔名

作家要取笔名，最简便的办法就是将本名简化成为笔名，而简化常用的办法就是将原来姓名中的姓氏去掉，只剩名字作为笔名。笔名具有很大的灵活性，既可带原来的姓氏，也可以不带，所以有人就将原来的姓去掉，只留下原来的名字作为笔名。平时，一些熟悉的人或长辈常常也只呼名字，不带姓，这样倒显得亲切。当然，也有人将笔名加上自己的姓，作为正式名字的。不带姓氏的笔名可以成为常用名，带上姓氏的笔名成为常用名更是不足为怪。过去除姓名外，有人还有字、号，所以也有人将字、号作为笔名的，或是将已用的笔名再简化（也可称为“略称”）成为笔名的，等等，不一而足。

现代著名作家、文学评论家茅盾（1896—1981），本名沈德鸿，字雁冰。后来常用名为沈雁冰，经常用的笔名是“茅盾”。1917 年在《学生杂志》第 4 卷 1、2、4 号发表译著《三百年后孵化之卵》时首次署名“雁冰”。

辛亥革命元老于右任（1879—1964），陕西三原（祖籍泾阳）人。曾任靖国军总司令，创办上海大学，任校长。长期担任国民党监察院院长，长于古典诗词和书法。他 1922 年 3 月 2 日、3 日在《时事新报·学灯》上发表《自由离婚问题》时署名就是“右任”。

中国杰出的新闻记者、政论家、出版家邹韬奋（1895—1944），祖籍江西余江，生于福建永安。本名邹恩润，“韬奋”是他的笔名。1928 年 11 月在《生活周刊·小言论》发表《喂！阿二哥吃饭》时，首次署名“韬奋”。1933 年 1 月 1 日出版的《东方杂志》第一次发表了署名“邹韬奋”的一篇文章。他自己曾说过，“韬”是韬光养晦，“奋”是奋斗不懈；取这名字是以此自勉。他用这个名字参加了由蔡元培、宋庆龄、鲁迅等人发起的“中国民权保障同盟”，并被选为执行委员。邹韬奋一生正像他的名字一样，为真理、为人民奋斗不懈，直至最后一息。郭沫若为上海韬奋故居作了一副嵌名联：“韬略终须建新国，奋飞还得读良书。”这正是对邹韬奋一生追求的写照。

著名社会文化人士、鲁迅夫人许广平（1898—1968），广东番禺（今广州）人。她积极参加进步文化活动，为鲁迅著作的刊行做出了巨大贡献。解放后曾任中央人民政府政务院副秘书长、全国妇联副主席等。其著作有《欣慰的纪念》《鲁迅回忆录》及《许广平文集》等。她用的笔名影响比较大的是“景宋”，也曾用过“广平”。“广平”一名曾用于 1937 年 5 月上海生活书店出版的《收获》中的《鲁迅〈病中通信〉附记》。

现代著名作家沈从文（1902—1988），湖南凤凰人，学名沈岳焕，别名“崇文”。青年时代赴京求学未成，练习写作，改名“从文”，表示了从事文学创作的决心。他创作了《湘行散记》《边城》等颇有影响的作品。解放后重点从事文物研究，出版了《唐宋铜镜》《中国古代服饰研究》等百余部著作。

现代作家、鲁迅的学生许钦文（1897—1984），浙江绍兴人，学名许绳尧，字钦文，出版有《故乡》《鼻涕阿二》《鲁迅小说助读》等。解放后曾任浙江省文化局副局长、中国作协浙江分会副主席、浙江省文联副主席等。1922 年 11 月 27—29 日在《晨报》副刊《浪漫谈》发表《传染病》时即署名“钦文”。

著名学者吴晗（1909—1969），浙江义乌人，明史专家。有《朱元璋传》《投枪集》《学习集》《海瑞的故事》等多部著作。他本名吴春晗，后更名吴晗，不用说这就是吴春晗的简化。

老一代作家采用这一方法的屡见不鲜，就不再列举。比他们年轻的、出生于 20 世纪三四十年代的作家也是如此。譬如，儿童文学作家金波，本名王金波；更年轻的还有被称为“怪味小说家”的祖慰，本名张祖慰，曾任湖北省作协副主席。

至于将笔名再简化作为新的笔名，在频繁变换笔名的作家中更是常见。如，鲁迅的另一笔名“周树”就是本名周树人的略称，“干”“家干”又是何家干的简化，“庚”是长庚的略称，“洛”是洛文的简称，“敖”是“宴之敖者”的简称；茅盾的笔名“盾”是茅盾的简称，“玄”“珠”是“玄珠”的简化，“冰”是沈雁冰的简署，“明”是未明、微明的简署，“M”是茅盾两字英文字头MD的简署，“韦”是“韦佩”的简化，“子荪”是“高子荪”的简署；等等，不胜枚举。

谐音成笔名

笔名是本名之外的一个别名。这个别名怎样取，各有不同。以原来名字的谐音字作为笔名者，屡见不鲜。这样既使原来的名字稍有变化，又有一定的渊源关系，而且读音也相近，所以采用这一方法取笔名有一定的普遍性。中国文字奇妙的意境之一就是谐音。将原来的名字一变谐音，往往赋予深沉的文化内涵，音调未变，新意迭出，其妙无比，让人欣喜，何乐而不为！不仅老一代作家这样做，当时的青年作家、现在的中年作家也这样做，现在的青年作家也是如此。

著名作家、学者林语堂（1895—1976），福建龙溪人。“论语派”主要代表人物，人称“幽默大师”。其著作有《开明英文读本》《吾国吾民》《京华烟云》《当代汉英词典》等。本名林和乐，上学时改名林玉堂，后觉得“玉堂”俗气，不够清高、雅致，遂改为“林语堂”。一、三字未变，中间字“语”是“玉”的谐音。

著名儿童文学作家、文艺理论家严文井（1915—2005），湖北武昌人。曾任人民文学出版社社长兼总编辑。1935年到北京图书馆任小职员，原名严文锦。到图书馆不久，将严文锦稍作变化成笔名“严文井”，用这一笔名发表小说、散文。

现代作家吴奚如（1906—1985），湖北京山人。本名吴善珍，号席儒，曾用名吴席儒。后改名吴奚如，笔名奚如。“吴奚如”“奚如”都是从吴席儒衍变而来。

著名编辑孙伏园（1894—1966），浙江绍兴人。北京大学毕业，留学法国。因主编几个著名副刊而被称为“副刊大王”。他本名孙福源，孙伏园即是由本名衍化而来。

老诗人王辛笛（1912—2004），祖籍江苏淮安，生于天津。本名王馨迪，1930年在《国闻周报》上发表作品署用笔名“心笛”，1946年在《文艺复兴》上发表作品署用笔名“辛笛”，后常用名为“王辛迪”。这几个名字都是由本名王馨迪衍变而来。

女作家林海音（1918—2001），台湾苗栗人，生于日本。其作品有《城南旧事》《婚姻的故事》及儿童文学《金桥》等20余部。本名林含英，她有次看到一套书《海潮音》，受到启发，觉得这个名字好，就取名林海音。这一名字与本名林含英又是谐音。

著名文学史家、作家丁易（1913—1954），安徽桐城人。本名叶鼎彝，笔名丁易是“鼎彝”的谐音。署用“丁易”首见于1946年4月上海《希望》第1集第4期发表的杂文《好名二求》一文。解放后他出版的《中国现代文学史略》是多所高校选用的教材，“丁易”一名就为广大青年学生所熟悉。

著名诗人田间（1916—1985），安徽无为人。曾任河北省文联主席。本名童天鉴，田间是诗作《滴港》1934年10月21日在《中华日报·动向》上发表时的署名。显然，它是“天鉴”二字的谐音。

著名杂文家严秀（1919—2015），四川宜宾人，曾任人民出版社社长兼总编辑。本名曾彦修，在《人民日报》等报刊发表杂文时署用笔名严秀。“严秀”即“彦修”二字的谐音。

当代女作家宗璞，1928年生于北京。冯友兰的女儿，清华大学外文系毕业。作品有短篇小说《红豆》《不沉的湖》《弦上的梦》等。《弦上的梦》获全国优秀短篇小说奖。出版有《宗璞小说散文选》、散文集《铁箫人语》等。她的笔名宗璞，来自本名冯钟璞。

当代女作家航鹰，生于1944年，祖籍山东平原，生于天津。作品有剧本、小说、散文，其中《金鹿儿》《明姑娘》（曾改编为电影剧本）先后获全国优秀短篇小说奖。她本名刘航英。“航鹰”即由“航英”二字而来。

当代著名作家贾平凹，生于1952年，陕西丹凤人。本名贾平娃，长大成人后改名贾平凹（“凹”读作 wā，同“洼”）。

当代作家京夫（1942—2008），陕西商州人，本名郭景富。“京夫”者，“景富”也。

更为年轻的作家剑钧本名刘建军，剑钧是“建军”二字的谐音。作品有长篇小说《古宅》、散文集《窗外窗内》等。

藏书家、作家韦泱，本名王伟强，笔名韦泱是“伟强”二字的谐音。

青年学者眉睫，本名梅杰，其笔名也是本名的谐音。

拆字成名

作家所取笔名，有时和本名有着千丝万缕的关系。汉字属于表意文字，分独体结构和合体结构两大类。所谓合体结构，指一个字由两个或两个以上单体字组合而成。有的人就利用汉字灵活组合的特点，将自己姓名中的某一个字拆开，或是在几个字中各取一部分组成新的名字，作为笔名。这样创造的名字，可谓别出心裁、新颖别致、独具特色。

现代文学史有巴、老、曹的说法，这是指巴金、老舍、曹禺。对巴金先按下不表，就说说老舍和曹禺。

老舍（1899—1966），是我国著名作家、人民艺术家，曾任中国文联副主席、中国作家协会副主席及书记处书记。老舍姓舒，生于清光绪二十四年阴历立春的头天，取名舒庆春。他还有一个名字叫舒舍予，老舍是他的笔名。明眼人一看，就看出“舍予”二字是由“舒”字拆开而成。“舍予”又有为从事事业献身的精神，意思挺好。又由“舍”字衍变成“老舍”。他的第一部长篇小说《老张的哲学》于1926年7月出版的《小说月报》第17卷第7号开始连载，署名舒庆春，自8号起改署老舍。一辈子受苦受难的父母，怀着满腔的期望，给他取名“庆春”，希望他一生吉祥如意、万事亨通并荣宗耀祖。新中国成立后，老舍接受周恩来总理的邀请，欣然从美国回国。他回国后满腔热情地歌颂新中国的建设成就，谁能想到在“文革”中却被迫害致死。粉碎“四人帮”后，端木蕻良在《怀念老舍》一文中说，他在老舍骨灰安放仪式时写了“此志得舒，为民舍予”的悼词，这可以看作对老舍名字的一种新的解释。

曹禺（1910—1996），是《雷雨》《日出》等剧本的作者，是我国著名的剧作家，曾任中国作协书记处书记、中国剧协主席。其实他并不姓曹，他本名是万家宝。当时是繁体字，他就将“萬”字拆开，成“艹”和“禺”，但“艹”不像字，取谐音“曹”，就成了“曹禺”二字。从此“曹禺”一名就广为人知，原来的“万家宝”倒不大为人知晓。

电影剧作家、著名导演张骏祥（1910—1996），也用拆字法取笔名。他将姓名三字各取左边半字成“弓马示”三字。

1942年在《文艺杂志》、1943年在重庆《时与潮文艺》上发表《大轴子》时，他就署名“弓马示”。

拆字为名是很方便的事，所以还可以举出若干例子。譬如，著名的香港武侠小说作家、被人称作“金大侠”的金庸，并不姓金。他生于1924年，本名查良镛。他将“镛”拆开成“金庸”二字作为笔名。此后“金庸”一名就为广大读者所熟知。还有当代作家张长弓（1931—2000）。他的做法类似老舍，将“张”字拆开，用张长弓作为他的名字。现代著名作家赵树理（1906—1970），本名赵树礼，改名赵树理。在他诸多笔名中有一个是“王甲土”，显然就是将“理”字拆开而成。一代报人徐铸成（1907—1991）有一个笔名是“金戈”，就是取“铸”字左边和“成”字的右边组合而成的。我国首位诺贝尔文学奖获得者莫言，生于1955年，本名管谟业。莫言就是他名字中的“谟”字拆成两半，右边放前，左边放后，成“莫言”二字。同一个字，也有不同的拆法。鲁迅研究专家林辰（1912—2003），本名王诗农，“农”的繁体字中有一种写法是“辳”。他就把这个字拆成“林辰”二字作为笔名。有意思的是扬州大学教授顾农也是把名字中的“农”字的繁体“農”拆开成“曲辰”二字，成了他的一个笔名。

台湾现代派诗人羊令野，1923年生于安徽泾县，本名黄仲琮，曾用笔名田犁、予里、必也正等。诗人在军队中即开始创作，以上校官阶退役。笔名“予里”是将“野”字拆开而成。“羊令野”又是将“羚”字拆开，与“野”字合成。取“羊令野”既表示诗人的善良，又表示诗人喜欢原野羚羊的无拘无束、自由自在。

其实早年用本名衍化成笔名的还有用笔画的，毛泽东（1893—1976）1915年在长沙第一师范就读时写《征友启事》、1917年在《新青年》第三卷第二号发表《体育之研究》均署“二十八画生”，就是毛泽东三字（繁体）笔画数的总和。

不得已的改名

虽然笔名是作者自取的，改名体现了自己的意愿和权利，但也有不得已的改名。这其中，原因固然各有不同，但完全出于不得已被迫改名却是一致的。不少是由于当时的政治环境，为避免遭受迫害而改名，在某一时期，具有一定的普遍性，这里暂且不谈。现在着重谈一下为避免和别人名字混为一谈而改名的几个事例。

建筑学家、才女、诗人、梁思成的夫人林徽因（1904—1955），原名林徽音。这个名字出自《诗经·大雅·思齐》。她出身名门望族，其父曾任段祺瑞政府司法总长。与她同时代的另一名男性作者林微音（1899—1982），是上海一家银行的小职员，最早学习写诗，但屡投不中，后自告奋勇为施蛰存的水沫书店译书，结果施蛰存发现“误译甚多，中文也不好”。抗战时林微音举止怪气，还吸上了鸦片。他既然喜欢舞文弄墨，名字也不时见诸报端。两个人的名字三个字中有两个字相同，一个不同的字“徽”“微”又很相像，所以一些粗心的人常常误将这个男性“林微音”当成女性“林徽音”，而林徽音又不愿看到这种情况，于是就将自己的名字“林徽音”改为“林徽因”。

著名作家李准（1928—2000），解放前就开始创作，1953年发表了反映农业合作化的短篇小说《不能走那条路》，引起了毛泽东的注意，轰动文坛，当时有四五十种报刊转载。后来李准成了专业作家，写了电影剧本《李双双》（根据他本人创作的小说《李双双小传》改编）、《老兵新传》等。李准是在全国很有影响力的一位作家，担任过中国作家协会副主席、中国现代文学馆馆长等职。他是蒙古族人，原姓木华梨，后简化为“李”，名为“準”（这是“准”字的繁体字）。简化字方案简化“準”字为“准”，他的名字也就成了“李准”。后来他发现有个从事文学理论研究的人也叫“李准”。为了不被人搞混，他特意声明将李准又写作“李凖”。为此，在《人民日报》1984年4月23日第七版发表《给时代前进挂面风帆》一文时，他特意发表了“作者附言”：“近来报刊上出现李准的名字较多，很多读者弄不清楚。为了尊重读者，我今后放弃‘李准’原名，改作‘李凖’。我的原籍在河南，职业是写小说和电影，是《李双双小传》《黄河东流去》等作品的作者。”声明是发表了，但有多少人看过？看过后谁还记着？就很难说了。作家是公众人物，也不是一篇作品成名的。一般来说，先入为主，除了专门的研究人员，一般读者谁还老记着现在的“李凖”就是李准？况且过去署名“李准”发表的作品也是客观存在的，所以选编他一些作品时作者仍署名“李准”也很正常。当然他本人此后发表作品时改署“李凖”，倒也看到过。所以只好把“李凖”看作李准的另一种写法。

笔名有灵活性的一面，各人用什么名字是自己的权利，有的人为了避免重复，索性将重名搁置不用。譬如，现在报刊上活跃的杂文作者陈四益，原来有一个笔名“东耳”，是指“陈”字左边是个耳朵，第一本杂文就署此名。后来发现有人用“耳东”的笔名，他为了避免混淆，遂将“东耳”废弃不用。

“摸”来的名字

人们取名的方式真是多种多样，一般都要经过仔细思考，看取个什么名字合适。但也有用“碰”的方式取名的，这就是我们现在要谈的“摸”来的名字。

先说丁玲（1904—1986）吧。她是一位知名度颇高的作家，这当然首先取决于她在文学上的成就，但和她大起大落的坎坷经历也有很大关系。20 世纪 30 年代，丁玲就是引人注目的左翼作家，曾担任过左联的党团书记，后来去延安，又担任过陕甘宁边区文化协会副主任。刚一解放，她创作的长篇小说《太阳照在桑干河上》就获得了斯大林文学奖。她曾担任中央文学研究所（后改文学讲习所）所长，两度担任中国作家协会副主席，解放前曾在南京被囚禁三年多，解放后又被打成右派分子、反党分子，70年代被关押五年多。知道丁玲的不少，但知道她并不姓丁的恐怕不多,知道“丁玲”这个名字是摸来的恐怕更少。丁玲原名蒋伟，字冰之。她到上海在陈独秀、李达等共产党人创办的平民女校学习,受当时风潮的影响,不用姓直接用“冰之”为名。但这也给她带来不少麻烦，于是就采用了笔画少的丁字为姓，叫丁冰之。她想当演员，又要改名，不知改什么好，就和几个朋友闭上眼睛在字典上各找一个字作为新的名字。丁玲摸到一个“玲”字，加上丁冰之的丁字，成“丁玲”二字。演员没当成，却搞起了创作；“丁玲”没有成为艺名，却成了笔名。她的处女作《梦珂》，首次署名丁玲，发表在1927年12月8日出版的《小说月报》上。不久，署名丁玲的另一篇小说《莎菲女士的日记》接着发表，轰动文坛，丁玲这颗文学新星进入广大读者的视野。

再说说著名文艺理论家林默涵（1913—2008）。林默涵是福建武平人，在文艺界是一位显赫人物，曾任文化部副部长、中宣部副部长、中国文联副主席等。林默涵原名林烈，年轻时喜爱文学，常用笔名为“雪郈”。1936年，林默涵去香港协助邹韬奋办《生活日报》，在从上海到香港的船上，他想：去香港要写文章，最好取个新的笔名。取什么名字呢？他闭着眼睛翻字典，先翻到一个“默”，又翻到一个“涵”，于是就将

“默涵”作为笔名，一直沿用了下来，以至后来成为他正式的名字“林默涵”。至于他的真名林烈，倒鲜为人知。

用“摸”的办法取名字的还有人。陈寅恪的老师吴宓(1894—1978)教授，原名吴玉衡，后改名吴陀曼，字雨生、雨僧。吴宓17岁时报考清华，学校将年龄限定在15岁，要报考就得改名，他便将携带的《康熙字典》合订本闭目翻开，用手一指得出个“宓”字，就改名“吴宓”报考。1920年6月在美国哈佛大学获得硕士学位时，他的毕业证英文名字是“Mi WU”。从此吴宓一名也就为人所知。以后在东南大学、东北大学、燕京大学、北京大学、西南联大、西南师范学院任教授一直都用吴宓这个名字。

现代诗人丁力（1920—1993），湖北沔阳县珂坪乡（今属洪湖市龙口镇）人，本名丁明哲，字觉先。他受几位从事进步文艺活动的朋友影响，决心从事新文学创作，揭露社会问题，不再写旧体诗和文言文，不喜欢原名“明哲保身”的旧意思，准备用一个新名字，想到“丁冬”“丁力”“丁当”三个名字。丁冬取雪莱的“冬天来了，春天还会远吗”的意思，“丁力”取劳动的意思，“丁当”——“叮当”的谐音——取其声音响亮。三个名字含义都不错，他举棋不定，犹豫不决，于是就将三个名字分别写在小纸片上，叠起来抓阄，结果摸到“丁力”，所以就决定用“丁力”这个名字。他首次用丁力署名的作品是

1947年6月18日在南京《新民报》发表的诗作《黄大嫂》。

上面举出四位，其实用摸的办法取名的不止他们几个，真是你摸他也摸，摸名何其多！

这里，我们又联想到周恩来和邓颖超。1919年，他们在天津成立了革命组织觉悟社，在同年12月一次会议上决定：为了便于进行革命活动，以50个号码，用抽签的办法决定每个人的代号，再用抽的号数谐音取一个别名。周恩来抽的是5号，于是取别名“伍豪”。父母为他取的名字是大鸾，字翔宇，后来，“伍豪”也作为一个笔名使用过。邓颖超抽到1号，取别名“逸豪”。邓颖超当时叫邓文淑，她发表文章用过“壹”“逸豪”等笔名。

因敬慕而取名

在作家中，因敬慕某人，而取与之相关的名字作为自己的笔名的人不少。对革命导师的敬仰是理所当然的，在名字上表现出来也是自然的。马克思主义哲学家艾思奇（1910—1966）就是这样。艾思奇本名李生萱，又名李崇基，后因为崇仰马克思和伊里奇（列宁），改名“艾思奇”。他的《大众哲学》等著作在解放前就很有影响。解放后，艾思奇担任过中央高级党校副校长及中国科学院哲学社会科学部委员等。他改名“艾思奇”的具体情况是这样的：有一次去看电影《爱斯基摩人》，受到启发，灵机一动，便取名“艾思奇”。因为“艾”是“爱”的谐音，“艾思奇”是勇敢强悍的爱斯基摩人，同时又隐含“爱好思考奇异事物”的意思，表现了理论研究需要不断进取探索的精神。当然更重要的是包含马克思的“思”、列宁的弗拉基米尔·伊里奇的“奇”字，用此名表达了他对两位导师的爱慕、敬仰之情。

有这样想法的还有现代作家马宁（1909—2001）。他是左联成员，解放后任福建省文联副主席。他本名黄振椿，又名黄震村。年轻时从事创作，鼓动革命，就从马克思、列宁两人名字中各取一字，组成笔名“马宁”，1929 年开始用这一笔名发表作品。然而，就是由于这个名字，他又遭到通缉，书被查禁。

作家取笔名时，有人联想到自己敬慕的人，就在自己名字中表示出来。但作为旁观者，却不能想当然地乱加猜测，而应当弄清取名者本人的初衷。

现代诗人高兰（1909—1987），黑龙江爱辉人，原名郭德浩，用过黑沙、郭浩、齐云等笔名，主要笔名为高兰。高兰早年从事朗诵诗活动，后在高校执教。青年时代，高兰主要的文学活动是诗歌创作和提倡诗歌朗诵运动。高兰 1938 年参加中华全国文艺界抗敌协会，和冯乃超、光未然、徐迟等大力提倡“用活的语言作民族解放的歌唱”的朗诵诗运动。他创作了大量的朗诵诗，对新诗的口语化、大众化起了推动作用，被茅盾称赞为“新诗的再解放运动”。他出版了《高兰朗诵诗》（1937年）、《高兰朗诵诗集》（1938 年）等多部诗集。由于从事进步诗歌活动，为避免迫害，他想另起个笔名。1936年，郭德浩在武汉家中的墙上悬挂着苏联无产阶级作家高尔基和法国伟大作家罗曼·罗兰的合照像，他非常敬仰这两位世界文豪，便从他们两人的名字中各取一字，组成“高兰”二字作为自己的笔名。他用这一笔名于1937年9、10月间在《大公报》副刊《战线》上发表了《放下你那支笔》《我们的祭礼》等诗作。高兰创作的抗战诗歌引起了日本侵略者的注意，受到反动警察的追究。幸亏他改了名字，躲过了一劫。高兰这一笔名基本代替了他的本名，后来他在大学中文系任教授、在山东省作协分会担任副主席都用这个名字。

现代作家骆宾基（1917—1994），本名张璞君。曾任中国作协北京分会副主席。在抗日战争中开始创作时，因欣赏唐代诗人骆宾王的一首诗，他就取骆宾王中“骆宾”二字并稍作变化，再加上苏联伟大的无产阶级作家高尔基的“基”字，组成“骆滨基”三字作为笔名，后又演变成“骆宾基”，作为他的常用笔名。

廖沫沙（1907—1990），湖南长沙人，原名廖家权。他进入长沙师范学习时，改名廖沫沙，因为对郭沫若诗情激荡的文学作品非常欣赏，十分崇拜郭沫若，就从他的名字中取了一个“沫”字，取名“沫沙”。

上海古籍出版社编审、学者鲲西（1906—2014），本名王勉。开始写作时，第一篇文章的署名“李平”就是冰心小说《往事》里的一个人物的名字。因为冰心的《寄小读者》是他的启蒙读物，以冰心作品中的一个人物的名字作为自己的笔名，敬慕感激之情溢于言表。

取名为纪念女友

有两位作家，仅从名字看，似乎是女作家，其实他们都是男性作家。当然男性作家名字是怎样，女性作家名字又如何，倒没有什么硬性规定和截然不同的界限，只是根据约定俗成的习惯。一般说来，男性名字比较阳刚一些，女性名字比较柔美一些。但到底各人的名字要用什么字，这是个人的自由。所以，仅从字面去猜测，有时是靠不住的。

这里要说的就是现代作家柯蓝和丽尼。他俩的名字从字面看，确实有点儿女性化，但他们却是两位男性作家。不过，他俩的名字和女性有一定的关系，都是借用女性的名字。他们怎样和女性名字产生了联系？听我一一道来。

首先要说的是著名作家柯蓝。他原名唐一正，生于1920年，湖南长沙人。1937年参加八路军，曾在延安鲁迅艺术学院学习。抗战中，在学兵队时，护送负伤的大队长去前方医院治伤，一个偶然的机会，认识了医院一位漂亮的女护士。通过接触，他知道这位名叫柯蓝的女护士是南洋一位富商的女儿，她代表华侨联合会将一批贵重医药送到八路军总部。由于战争阻隔，无法返回，只好留在医院当护士。从交谈中得知，她还是一位立志当作家的文学青年。抗日救国的志向拉近了他俩的距离，共同的爱好使他俩有了共同语言。于是，两人愈谈愈投机，愈谈愈有说不完的话，进而产生了圣洁而纯真的爱情。没有窑洞住，两人就索性躲到一堆麦草垛的小洞中，窃窃私语，互诉衷肠，并约定以后一同赴延安。不久，唐一正要归队，他们含泪话别。一个多月后，队长伤愈归队，给唐一正带来一个不好的消息：女护士柯蓝在一次掩护伤员撤退时，遭敌机扫射，不幸牺牲。这突如其来的噩耗如晴天霹雳，使唐一正肝肠寸断。经过一段痛苦的折磨，他才平静下来，知道人死不能复生，不过他对与女护士刻骨铭心的爱情难以忘怀。为了纪念他俩真挚而纯真的爱情，1939年，唐一正正式将自己的名字改为柯蓝，让女护士的美丽形象永远活在他心中。他虽然后来担任过处长、省文化局副局长等行政职务，但一直没有中断他热爱的文学创作，笔耕不辍。他创作的反映抗日战争的《洋铁桶的故事》（原名

《抗日英雄洋铁桶》），是解放区第一部章回体小说，轰动一时，曾获得延安文教大会乙等奖。解放后又出版了长篇小说《祖国海岸》、散文集《上海散记》、散文诗《早霞短笛》及电影剧本《铁窗烈火》等，其中，《早霞短笛》是解放后出版的第一部题材、形式多样的散文诗集，在全国特别是青年读者中引起很大反响。与女护士纯洁、伟大的爱情一直激励着他。“柯蓝”一名完全代替了他的原名“唐一正”，他用这一名字发表了一千多万字的文学作品，并出版了六卷《柯蓝文集》。

无独有偶，与他相类似的还有著名文学翻译家、散文家丽尼（1909—1968）。他是湖北孝感人，原名郭安仁，小时候曾有个非常要好的外国女友，名叫丽尼，后来外国女孩早早病逝。为了纪念她，郭安仁写了《月季之献》《失去》等散文，还用她的名字译音“丽尼”作为自己的笔名。郭安仁早年在上海参加左联，从事文学创作和翻译等进步文学活动，与巴金、吴朗西等创办文化生活出版社。他还在武汉大学、暨南大学中文系担任过教授。解放后长期担任文化行政和文学杂志编辑工作，对组织介绍世界优秀文学艺术做出了贡献。他的散文作品文字优美、诗意盎然，受到读者的喜爱和巴金的称赞。巴金曾说：“现代中国文学史的研究者，不会忘记他在散文的发展上所做的贡献。”（《关于〈春天里的秋天〉及其他》，见《收获》1979年第1期）他出版的散文集有《黄昏之献》《鹰之歌》《白夜》

等，翻译作品有屠格涅夫的《前夜》、契诃夫的《万尼亚舅舅》、高尔基的《天蓝的生活》等多部。他的笔名丽尼于20世纪30年代开始使用，其他笔名还有一菲、石化、燕人等，但丽尼始终是他主要的、常用的一个笔名，基本成了他的本名。

一错成笔名

有的文章（书籍）发表（出版），不是作者本来的署名，而是错成了另外的名字。造成差错的原因是多方面的：有的是笔误，本人就写错了；有的是排字（或打印）错了，编辑、校对也疏忽了。发现时，白纸黑字，木已成舟，只得默认。当然也有事后声明更正的，但首次看过文章（书籍）的人是不是后来也看到过更正的声明，很难说。有些事后也不作更正。这样读者就把作者当成另外一个人。不少人都遇到过这种情况，本人就遇到过这种尴尬。不过自己只是一个不出名的小人物，不说也罢。

对将名字印错的，有的没有机会更正，只好认了，也是不得已地面对现实吧；有的接受了被弄错的名字，也算歪打正着吧；也有的对弄错了名字采取无所谓态度；等等。

先说说老作家、著名学者施蛰存（1905—2003）。他是浙江杭州人，本名施德普，笔名有青萍、施蛰存、曾敏达、北山、中含等。常用笔名施蛰存基本上成了他的正式名字。《新文学史料》2003 年第 4 期发表了杨迎平的文章《施蛰存与三十年代的诗歌革命——兼谈与戴望舒的友谊》，但是前边的目录却将“施蛰存”印为“施蜇存”，显然是敲字敲错了，校对又没有校出来。《新文学史料》创刊于 1978 年，在国内外享有盛誉，出现这样的差错令人遗憾。也许“蛰”与“蜇”两个字义不同、形相似，容易搞错。无独有偶，1986 年陕西人民出版社出版、由王瑶领衔主编的《小说鉴赏文库中国现代卷》第二卷收有施蛰存《将军低头》一文，目录第 3 页也将施蛰存的“蛰”字误排为“蜇”了，而且其他地方也出现过同样的错误。这样，“施蜇存”在客观上就成了施蛰存的另一个笔名。

高寿老作家章克标（1900—2007），浙江海宁人，笔名岂凡等，出版有长篇小说《银蛇》、短篇小说《恋爱四象》等，但引人注目的是出版于 1933 年的《文坛登龙术》，此书被人称为奇书。在书中，作者用幽默闲适的笔调，对当时文坛的种种丑行进行冷嘲热讽，给予充分的揭露。鲁迅也曾写过《文摊秘诀十条》，一书一文，异曲同工。《文坛登龙术》让章克标声名大振。20世纪80年代有家出版社要重印这本书，在一家著名的晚报上登广告《风凉话与登龙术》，印出封面做宣传，在说明中将作者误印为“张克标”。“张”与“章”同音不同字，这就等于给他派了一个笔名“张克标”。

《中国人民解放军进行曲》的词作者、著名诗人、教授公木（1910—1998），本名张永年。他上学时盛行印名片，他取名“张嵩甫”，“嵩”表示高大雄伟、长寿，对应“永年”；“甫”是男子美称。当时一位要好的同学与他通信时将张嵩甫误写成张松如。而他本人也觉得“松如”比“嵩甫”好，一方面显示“永年”之意，一方面表示了松树风格，于是将“嵩甫”改为“松如”。虽然别人写错了，但是本人却接受了，也算是歪打正着。

现代作家柯灵（1909—2000），本名高隆任，又名高季琳，1941年写作杂文《无题草》时署名丁一之。该文在1941年《杂文丛刊》刊出时作者署名却成了丁一元。也许是“之”字和“元”字相近吧，不管他接受不接受，“丁一元”事实上成了他的另一个笔名。

现代诗人屠岸，生于1923年，出版有《屠岸诗选》，翻译《莎士比亚十四行诗集》等多部。他本名蒋镤，后改名为蒋璧厚。该名字寄托着父母对他的挚爱，希望他成为一块美玉，但却被错印成蒋壁厚。“璧”是玉石，“壁”是墙壁，两字虽然同音，看起来也只是多一横一点的差别，但印成“蒋壁厚”并不是本人的原意，也成了另外一个名字。与此相类似的还有版画家黄新波（1916—1980），广东台山人，曾任广东省文联副主席、中国美术家协会广东分会主席。他的名字也被人写作“黄新坡”。

更有意思的是南京大学教师余斌（1960 年生）。余斌写了一部《张爱玲传》，出版社将作者姓名误印成“余彬”。木已成舟，也无可奈何！过了几年，换了个出版社出版这本书的增订版，出版社一人手中有一本初版本，作者是“余彬”，责编说作者是余斌，持初版本的人说余斌是误植，也不去向作者本人证实，就莫名其妙地“彬”将起来。作者无可奈何地说道：“我不能放弃对书的著作权，既如此，对那名字也就只好照单收下，将错就错承认那就是我，轮到评职称之类，还要再三声明，彼‘彬’实即此‘斌’，决非霸占他人成果。”“余彬”成了他一个不招自来的笔名。

在此，我说几句题外话，向编辑进一言。编辑要把好关，尽量不让文章（书籍）出错，对待作者署名更要慎之又慎，千万不要出错。否则不是张冠李戴，就是驴头不对马嘴，贻笑大方。退一步说，如果内容出了责任事故，让谁负责？！再者，评职称、评奖不给作者本人算数，将如何处理？真是后患无穷！

借用笔名

借钱借物倒是常听说，怎么还有借名字的？这个还真的有！一般说来要借也是借笔名。真是大千世界，无奇不有！能将名字借给别人，借予者、接受者双方总是有这样或那样的关系，无缘无故是不会随便将自己的名字借给别人的。谓予不信，请看下列事例。

大家比较熟悉的是瞿秋白（1899—1935）曾借署过鲁迅的笔名。鲁迅和瞿秋白志同道合，情同手足。鲁迅曾署名“洛文”为瞿秋白书赠条幅:“人生得一知己足也，斯世当以同怀视之。”有一段时间，瞿秋白在上海，两人过从甚密，他俩通过交谈形成主题，再由瞿秋白执笔为文。从 1933 年 3 月至 10 月，由瞿秋白写成 12 篇杂文，经过鲁迅修改，请人抄写，署上鲁迅用过的笔名，在有关报刊上发表。这些文章有：《王道诗话》《伸冤》及《大观园的人才》，署名“干”；《曲的解放》《迎头经》《出卖灵魂的秘诀》《最艺术的国家》《内外》《透底》，署名“何家干”；《关于女人》《真假堂吉诃德》署名“洛文”；《中国文与中国人》，署名“余铭”。为了扩大影响，这几篇文章不仅署用鲁迅的笔名，以后又分别收入《伪自由书》《南腔北调集》《准风月谈》（当然后来也收入《瞿秋白文集》）。这些都成了他俩友谊的见证。

鲁迅将他的笔名借给别人，同时也借用别人的名字。除早年借署过他两个弟弟的笔名外，他还借用过夫人、战友许广平（1898—1968）的名字。鲁迅发表译作，用过“许霞”“许遐”的笔名，因为许广平的小名为“霞姑”。他与许广平相濡以沫，“十年携手共艰危”。为了感谢许广平为他默默无闻付出的劳动，他署许广平的名字，有表示感谢的意思。鲁迅常深情地对许广平说：“我要好好地替中国做点事，才对得起你。”

借用夫人的名字当然是最方便的。瞿秋白就借用过夫人杨之华（1901—1973）的笔名“文尹”，发表翻译绥拉菲莫维奇的译著《一天的工作》和《岔道夫》。胡山源（1897—1988）的夫人方培茵生于五月榴花绽放的季节，小名“榴宝”。古诗中有“万绿丛中一点红”及“五月榴花照眼明”两句，胡山源为夫人取名“明绿”，并将这一名字借用作自己的笔名，在发表《“五四”的回忆》和《哀江南》时署用过。

宠爱下一代，是人的本性。人常说女儿是父母的“小棉袄”，可见女儿在父母心中的地位。一提起女儿，总是让人怜爱有加，想到承欢膝下、跟前跟后、叽叽喳喳、乖巧可爱的小天使的形象，所以借用女儿名字也是常事。有的人喜欢用女儿的名字，以至后来成为常用笔名；有的人当初也许是偶尔借用一下，后来却一直沿用了下来。

曾担任全国归国华侨联合会副主席、民盟中央委员的洪丝丝（1907—1989），本名洪永安，字静安。大革命失败后赴南洋，在印度尼西亚任《新中华报》总编辑，因发表鼓动华侨反日侵略的文章，被拘捕驱逐出境。1932年至1935年曾任马来亚槟城《光华日报》的评论记者，主编副刊《槟风》，提倡马来亚华侨新文化运动。为避免引起当地政府的注意，开始就用女儿乳名“丝丝”为笔名，后来索性将“洪丝丝”作为常用名，出版有长篇小说《异乡奇遇》等。

著名剧作家夏衍20世纪30年代在《大晚报·星期电影》上发表文章，署用沈宁一名，也是借用女儿沈宁的名字。

儿童文学作家、文学翻译家任溶溶，原籍广东，1923年生于上海，本名任根鎏，原来主要从事翻译工作，后开始儿童文学创作，作品有童话《“没头脑”和“不高兴”》（改编为美术动画片）、小说《我是个美国黑孩子》《变戏法的人》、儿童诗《小孩子懂大事情》《给巨人的书》等。开始从事儿童文学创作时，他觉得应当有一个与儿童有关的名字。正好他出生不久的女儿叫溶溶，他就用“任溶溶”作为作品的署名，同时也表示宠爱女儿之意。此后任溶溶便成为他父女俩共用的名字。

近年来出名的文化人谷林（1919—2009），被人称作“张中行第二”。他本名劳祖德，因标点《郑孝胥日记》（中华书局1993年出版）为人所知。他的笔名谷林就是借署女儿的名字。1999年11月19日，他在致朋友沈胜衣的信中说：“1958年，我们有了一个女儿，她的名字是谷林，二十年后我借用了她的名字写一点读书笔记。从此，我们家里的来信要两个人斟酌着拆看。”女儿是他的第二个孩子，“大跃进”年代出生，取“谷子长得成林”之意，故名“谷林”。他的长子早亡，“文革”之后，三联书店出版《读书》杂志，他应友人之约常写文章，就借署了爱女的名字。以谷林署名出版的随笔书话类著作有《情趣·知识·襟怀》《书边杂写》《淡墨痕》《书简三叠》等。

上边所说是借用别人的名字作笔名，也有人借别人名字一用，后来却成了自己一生正式的名字。这个人就是曾任《上海文学》副主编、《收获》副主编、上海市作协副主席、上海师范学院中文系系主任的老作家魏金枝（1900—1972）。他原名魏义荣，是浙江嵊县人。青年时报考浙江省立第一师范，当时规定高小毕业文凭只能报考一所学校。他是高小毕业的第二名，文凭报考一所学校时已用过，为了报考第一师范，他就借用了同窗好友魏金枝的文凭报考，结果两所学校都考取了。但第一师范不需交伙食费，这对家境贫寒的学生来说很有利，他就用魏金枝这一名字上了第一师范，“借来”的这个名字就一直沿用了下来。他曾对王西彦说，他“就终身顶着个和他农家子弟颇不相称的名字”（王西彦《向死者告慰》）。他用过笔名凤兮、高山、莫干、鹿宿等，但魏金枝一名一直伴随他到古稀之年去世。他的《七封信的自传》被鲁迅在《我们要批评家》一文中称为“优秀之作”。

母子情深

母亲的养育之恩是无法替代的，母亲对儿女的深情是无法忘记的。正因为这样，人们不管年龄多大，不管浪迹到天涯海角，总是牢牢地记挂着母亲。君不见，平时不管是遇到困难、挫折，还是突如其来的危险，人们不假思索的第一声呼唤自然是：“哎哟，我的妈呀！”母亲就是平安的保障、救苦救难的活菩萨，母亲的怀抱就是无时无地不在的避风港。同样的道理，被鲁迅称为“国骂”的“他妈的”能成为流行语，从反面看，是选择你最爱的人去痛骂才能让你心痛。其用心也够歹毒了！不管反说正说，母亲总是最可爱的人。正因为这样，人们名字的变化也往往反映出来母子之间的深情。

就说鲁迅吧。鲁迅告诉他的挚友许寿裳，他取笔名“鲁迅”的三条理由，第一条就是因为“母亲姓鲁”，他就取了“鲁”字，再加上别号“迅行”中的“迅”字，就成了笔名“鲁迅”。其实鲁迅是被母亲谎称有病骗回国结婚的，酿成了一段不幸的婚姻。他曾心情沮丧地对许寿裳说：“这是母亲给我的一件礼物，我只能好好地供养它。”鲁迅的三弟周建人在《鲁迅故家的败落》中回忆母亲时说：“她性格开朗，宽厚，无论我们怎么顽皮淘气，也没看到她真正动过怒，总是那么和颜悦色，无论后来家里遇到什么灾难，也从不愁眉苦脸，总是那么坚忍刚强。我想她是世界上最好的母亲了。”这是恰如其分的描述和评价。我想，若鲁迅地下有知，他是会赞同胞弟的看法的。作为母亲的长子，鲁迅深知家道中落和中年丧夫给母亲带来的痛苦。从内心来说，不可能对母亲没有埋怨，但他首先想的是母亲的苦衷，孤寂的母亲需要人陪伴，他无可奈何地顺从了母亲的心愿，选择了牺牲自己的幸福，接受了这桩丝毫没有爱情可言的婚姻，忍受了苦闷和惆怅。是母亲造成了他和朱安的婚姻悲剧，但他理解和谅解了母亲的过失，永远记着母亲含辛茹苦抚养儿子成长的辛劳。在取笔名时，他首先想到的还是母亲，就取了母亲的姓“鲁”字。

鲁迅取笔名的理由，经许寿裳在文章中引用鲁迅的解释后，已广为人知。以后一些人取笔名，不知是受鲁迅的影响和启发，还是无师自通，不少人的笔名也与鲁迅一样，用了母亲的姓。

胡风（1902—1985），原名张光人。他的笔名胡风的“胡”就取自母亲的姓。廖承志（1908—1983），又名何承华。这个名字日本友好人士都知道。他在国内革命战争时还用过“何柳华”。这个“何”就取自他母亲何香凝的“何”。现代诗人牛汉（1923—2013），本名史成汉，笔名牛汉的“牛”就是母亲的姓，“汉”取自原名史成汉的“汉”。郭沫若（1892—1978）用过笔名“杜荃”“杜衎”等以“杜”为姓的几个笔名，就是因为母亲姓杜。“荃”是一种香草，《离骚》有“荃不察余之中情兮”之句。“杜衎”首次用于1928年11月在《东方杂志》发表的《周易的时代背景与精神生产》一文。他在《少年时代·我的童年》中说：“在一生中，特别是在幼年时，影响我最深的当然要算是我的母亲。我的母亲爱我，我也爱她。”他在《海涛集·我是中国人》中解释“杜衎”笔名的用意时说：“我的母亲姓杜，而我母亲的性格是衎直的，我为纪念我的母亲，故假名为杜衎。”这更有代表性，说得更明白。

蔡元培（1868—1940）晚年署过“周子余”之名，一位熟人不明底细，就同蔡先生开玩笑说：“你现在也姓了周吗？哈哈。”因他只知道蔡夫人姓周，蔡先生乃正色答道：“这因为先母姓周。”那熟人听了，立刻肃然道歉而退。

现代作家、文学评论家陈企霞（1913—1988），本名陈延桂，浙江人。因母亲生他时处于高烧昏迷中，梦见东方火烧似的红霞，所以就以企霞为笔名，以纪念母亲的养育之恩。台湾当代著名女作家琼瑶，生于1938年，原籍湖南衡阳。本名陈喆。她16岁在台湾著名的文艺刊物《晨光》上发表小说《云影》时就用的是母亲的名字“心如”。

梅娘（1920—2013），吉林长春人，本名孙嘉瑞，16岁出版《小姐集》，曾与张爱玲齐名，被称为“南玲北梅”。其笔名梅娘是“没娘”的谐音。她出生在大户人家，却是庶出，早年丧母。为了表示失去母爱的哀痛，才取了这个只有她自己知道的怀念母亲的名字。她还用了一个“柳青娘”的笔名。因她的女儿名“柳青”，笔名用“柳青娘”也是名副其实。它既体现了为母之心，也蕴含着解不开的思母情结。

父恩难忘

母子固然情深，同样，父亲的养育之恩也难忘怀。这种感情在有的作家名字中也得以体现。

著名剧作家夏衍（1900—1995），浙江杭县（今杭州）人。本名沈乃熙，字端轩，号端先。解放后，曾任华东军管会文教委员会副主任、上海市委常委兼宣传部部长，后调北京任文化部副部长。夏衍是 1927 年加入共产党的老党员，一边接受地下党布置的任务，一边积极从事左翼文化活动。他勤奋笔耕，经常有诗文、剧本问世，政论、杂文倚马可待，话剧创作自成风格。有《赛金花》《上海屋檐下》《法西斯细菌》等十余部剧本，改编的电影剧本《祝福》《林家铺子》《革命家庭》在国内外获奖。作品多，用笔名机会就多，据说夏衍曾用过三百多个笔名，被人考证出来的有一百五六十个。“夏衍”一名系他在郑振铎主编的《文学》杂志上发表短篇小说《泡》时首次署用，后来成为他的主要笔名，甚至成了他的常用名。“夏衍”系由父亲的字衍化而来。其父亲沈学诗（字雅言），在夏衍3岁时突然中风去世。他取“雅言”的谐音“夏衍”作为笔名，表示对父亲深切的怀念和永存的敬意。

再说说当代作家叶兆言。他1957年生于江苏南京，祖籍江苏苏州。叶兆言也算是名人的后代。他是叶圣陶（1894—1988）的孙子，父亲叶至诚（1926—1992）曾被打成右派。“兆言”这个名字就是母亲的姓“姚”字和父亲的名字“诚”字各取半边组合而成。他当过工人，1978年考入南京大学中文系，1986年取得硕士学位。1980年起发表作品，有长篇小说《死水》、中篇小说《悬挂的绿苹果》《五月的黄昏》等。他用过的笔名有邓林、叶言、刘克、孟尼、谈风、舒书、梅无、萧飞等。

同样，从父母名字中取笔名的还有台湾女作家叶曼（1914—　）。她原名刘世纶，笔名“叶曼”系用母亲叶宜书的姓“叶”、父亲刘君曼的“曼”组合而成。

回过头来再说说与叶兆言的爷爷叶圣陶为同一代人的新文学运动的先驱许地山（1893—1941）。他本名许赞堃，字地山。他有一个笔名“落华生”甚为出名。许地山是他在《小说月报》

上发表第一篇小说《命命鸟》时的署名。他与郑振铎（1898—1958）、茅盾（1896—1981）、叶圣陶等人组织成立了我国最早的新文学团体“文学研究会”。许地山用“落华生”作为笔名是什么意思呢？他的散文《落花生》正好可以作为这一笔名的注脚。“华”与“花”可以通用。他和哥哥姐姐在屋后地上种的落花生获得了丰收，正在接受母亲建议共庆丰收时，在外工作的父亲回来，也参加进来。父亲语重心长地告诫他们，花生“不像桃子、石榴、苹果那样，把鲜红嫩绿的果实高高地挂在枝头上，使人一望而发生爱慕之心。你们看它矮矮地长在地上，等到成熟了，也不能立刻分辨出来它有没有果实，必须挖起来才知道”。“所以你们要像花生，它虽然不好看，可是很有用。”父亲的亲切教诲深深地铭刻在他幼小的心灵里。他赞美落花生，认为做人也应该像朴实无华的落花生一样，只求有益于人，不求炫耀显赫于世。他用落华生为笔名，表明他牢记父亲的教诲，不务虚名，讲求实际，“要做有用的人，不要做只讲体面，而对别人没有好处的人”。他一生都在实践着自己的人生主张。

友谊的见证

在社会生活中，人和人总要发生这样或那样的关系。追溯作家笔名的来历，你会发现作家的笔名有时会曲折地反映出他和周围人的关系。所以，有的笔名成了人们之间友谊的见证。

曾任中国文联副主席、中国作协主席及全国政协副主席的巴金（1904—2005），祖籍浙江嘉兴，生于四川成都。青年时代曾在法国、日本留学，是一位著作等身的老作家。解放前有爱情三部曲《雾》《雨》《电》、激流三部曲《家》《春》《秋》等著作出版，“文革”后出版的《随想录》在当代中国产生了巨大影响。巴金本名李尧棠，字芾甘，巴金是他的笔名。1958年，他在《谈〈灭亡〉》一文中说：1927 年到法国，“不久因为我身体不好，听从医生的劝告，又得到一位学哲学的安徽朋友的介绍……认识了几个中国朋友，有一个叫巴恩波的中国同学相处不到一个月，后来分开，第二年听说他投水自杀了。和他不熟，但悲痛，因联想到一个‘巴’字，另一同学听说要找一个容易记住的字，就半开玩笑地说了‘金’，就成了‘巴金’二字”。于是“巴金”就成了他的笔名。有人竟想当然地说“巴金”二字是从无政府主义大师巴枯宁、克鲁泡特金的名字中各取一字组合而成，并对他大加讨伐。巴金早年曾受过无政府主义思想的影响，对此他并不讳言，作为年轻人在探索真理的过程中接触到各种思想，也用不着大惊小怪。但巴金的名字来历与无政府主义无关，这也是事实。

作家、翻译家、教授黄药眠（1903—1987）生于广东梅县，本名黄访，又名黄恍，黄药眠可算是他的笔名。这个名字似乎有点怪怪的，这是怎么一回事呢？黄药眠青年时代就热爱文学，20 世纪 20 年代初在广东高等师范学校读书时写了一篇短稿，准备外投。一位朋友关切地问他：“署什么名字？”他回答说：“未定。”那位朋友就热心地在稿子署名的地方写了“黄药眠”三个字，他也就接受了。稿子投出后果然发表了，从此他就将这一名字一直沿用了下来。其实他乐于署用这个名字也有他自己的考虑。当时半封建半殖民地的旧中国，军阀混战，民不聊生，现实生活充满黑暗，国家看不到前途，个人没有出路，作为追求进步、忧国忧民的一位热血青年，他感到苦闷彷徨，牢骚满腹，急于倾吐。同时受到郭沫若《女神》的影响，他也产生了救治社会弊病的愿望，认为当时的中国极需要一剂药来救治，所以，接受这个名字也有它的内因。

刚正不阿的社会活动家、学者梁漱溟（1893—1988）20岁时在《民国报》当记者，原名梁焕鼎，发表文章常用的笔名是“寿民”“瘦民”。有次《民国报》总编辑孙炳文兴趣来了，为他题写扇面，将上款题为“漱溟”，梁漱溟觉得别致，感觉“正中我意”，从此就正式易名“梁漱溟”，沿用终生，并以此感念孙炳文先生。

当代作家谷峪（1928—1990），河北武邑人。原名谷五昌，又名谷武昌。“五昌”是五世其昌的意思。这个名字寄托着父母对儿女的期望。1946 年参加革命后，他明白应当追求解放全国的劳苦大众，要有大的抱负，不满意原来名字中振兴家族的小目标。既然原来的名字与他的抱负大相径庭，他就准备另起名字。1948 年，他写了《群众就是天》，请同事刘芳帮助起笔名，刘芳建议取“谷峪”——有了山才有谷，“峪”也作山讲，两者搭配很好，他欣然接受。后来刘芳不幸含冤去世，他一直用此笔名以悼念亡友。他的作品多以农村生活为题材，人物形象鲜明，语言朴素清新，泥土气息较浓。其作品《新事新办》曾被选入中学语文教材。他曾任中国作家协会河北分会副主席，著作有《新事新办》《嫩芽》《萝北半月》等。

不忘桑梓情

家乡是自己的出生地，也是家族繁衍生息的地方，这里有自己的至亲骨肉和父老乡亲。所以，家乡的山川河流、人文景观，甚或花草树木，总会给人留下挥之不去的记忆和难以割舍的感情。长大以后，不管是什么原因，远走他乡，哪怕是千里之外，或是异国他乡，对家乡总是难以忘怀。有的人直到暮年，还念念不忘落叶归根。人们对家乡的感情表现是多方面的，在笔名上自然也有所流露。

中国共产党创建初期的领导人陈独秀（1879—1942），安徽怀宁（今安庆）人，原名陈乾生，字仲甫，号实庵。“独秀”是他的笔名。早在1914年11月20日出版的《甲寅》杂志中，他就用“独秀山民”为笔名发表文章。后来又用“独秀”，有时加上姓，就成“陈独秀”一名。“独秀”是这样来的：他的家乡安庆城西南30公里处有座独秀山。此山平地而起，一枝独秀，故名独秀山。陈乾生以“独秀”为笔名，是借独秀之名表示对家乡的怀念。陈独秀从1915年起主编《新青年》杂志，积极倡导民主与科学，提倡新思想、新文化。当时的许多社会精英在上面发表诗文，署名陈独秀的文章也经常见诸报刊，使陈独秀声名鹊起，本名陈乾生倒鲜为人知。

鲁迅（1881—1936）是浙江绍兴人。春秋时代，绍兴是越国的都城，所以绍兴往往被简称为“越”。鲁迅对青山绿水的故乡有着浓厚的感情，家乡的先贤古迹也给鲁迅留下了深刻的印象。城西南的禹陵和大禹庙就是为纪念治水的英雄夏禹而修建的。越王台是越王勾践为报仇雪耻而卧薪尝胆的地方。鲁迅也为这些而自豪，称故乡乃“报仇雪耻之乡”。他不忘自己是“越人”，所以他的杂文《迎神和咬人》署名“越侨”，《我谈“堕民”》署名“越客”，《“天生蛮性”》署名“越山”。鲁迅虽然笔名众多，但他始终不忘自己是“越中”人。他取的这三个笔名都不离“越”字就是很好的证明。

郭沫若（1892—1978）是四川乐山人。他的曾祖母活了一百多岁，衙门官员送了“贞寿之门”的横匾。郭沫若本名郭开贞中的“贞”字，便是用匾中的第一个字“贞”。家乡的大渡河又名沫水，青衣江是若水，他是饮了沫水和若水的水长大的。家乡的山水灵气抚育了一代文学巨匠，所以郭沫若从家乡的两条河中各取一字组成笔名，以纪念家乡哺育了他。

左联五烈士之一的柔石（1901—1931）是浙江宁海人。1931 年 2 月 7 日，柔石被国民党秘密杀害于上海龙华。他的著译有多种，曾被批判的电影《早春二月》，就是根据他的小说《二月》改编的。柔石原名赵平福，后改名赵平富、赵平甫、赵平复。他的家乡有一座纪念明初文人方孝孺的方正学先生祠。这座方祠前面有一座石桥，桥上镌刻“金桥柔石”四个字。所以他就以“柔石”为笔名。1924 年秋作《生日》时，他第一次署用了这个名字。1929 年在《朝花旬刊》发表诗歌《遐思》时也署过“金桥”。不过最常用的、最为人们所熟知的还是“柔石”一名。

台湾作家柏杨（1920—2008），河南辉县人。毕业于东北大学政治系，曾任东北《青年日报》社长，1949 年去台湾。他原名郭立邦，改名郭衣洞，20 世纪 60 年代写杂文时始用柏杨作为笔名。为什么取名“柏杨”呢？他说因为从小生活在河南农村，中原大地多种柏树和杨树，柏树不畏风霜、四季长青，杨树挺拔直立、从不卑躬屈膝，他仰慕柏树、杨树的风格，就以“柏杨”为笔名，其意思是：一来以柏树、杨树自励，二来寄托对河南的思念之情。柏杨开始是写小说的，用的是“郭衣洞”的名字。后来写杂文，其杂文抨击中国文化的病态和现实社会的种种弊病，一针见血，毫不留情。他从写作杂文开始，即以“柏杨”为笔名，与文章的内容正好相得益彰。

以长篇小说《保卫延安》一举成名的作家杜鹏程（1921—1991），出生于陕西韩城杜家苏村。杜鹏程原名杜红喜，1938年到延安，经过培训后任乡文书。1939年改名杜鹏程。他经常为延安《解放日报》《边区群众报》等报刊写稿，用了几个笔名，其中一个笔名为“司马君”。为什么用这个名字呢？因为我国古代伟大的文学家、史学家司马迁是韩城人，杜鹏程的家乡距司马迁的家乡和太公祠只有十七八里路。司马迁是家乡人的骄傲，他的事迹鼓舞着一代又一代人。杜鹏程除在延安用“司马君”这个笔名外，1958年8月在《人民日报》上发表文章也用过这个笔名。以“司马君”为名，既是以司马迁为同县人为荣，也是以司马迁精神激励自己。

笔名明志

以名字表示志向，这是常见的事。如果说人们最初起名时往往少不更事、身不由己的话，那么笔名一般都由自己所起，以笔名表明志向也是屡见不鲜。我国知识分子有一个优良传统，就是爱国，所以在笔名中往往表示对国家以身相许；或是以历史上的仁人志士为榜样，舍生取义；或淡泊名利，积极进取等等。

五四新文化运动的先驱钱玄同（1887—1939），祖籍浙江吴兴（今湖州市），为著名学者。原名钱师黄，字德潜。在日本留学时，由章太炎介绍加入同盟会，改名“钱夏”，字中季。“钱夏”意为华夏子孙。“五四”时期积极参加新文化运动，34岁时以刘知几《史通》的篇名“疑古”为别号，更名“玄同”，表示要“用历史的眼光来研究和批判一切古籍”。他给人题字署名、印刷名片等就用“疑古玄同”。日寇入侵，华北沦陷，时任北师大国文系系主任的钱玄同，因体弱多病，未能随校迁往陕西。他在恶劣环境下仍能保持民族气节，严拒伪聘。1938年他恢复旧名“钱夏”，字逸谷，有时自署“逸叟”。他以名“夏”非“夷”表示不做顺民；字改“逸谷”，也表示清高自洁。他多次表示：“钱某决不做汉奸！”

爱国民主人士李公朴（1902—1946），生于江苏淮安。本名李永祥。五四运动爆发后，他积极投身于这场爱国运动之中，撰写宣传新思想的文章。他受孙中山一篇文章的启示，立志做人民的公仆。他觉得兄弟四人按“仁、义、康、祥”排行取名封建色彩太浓，建议三哥“永康”改名“公愚”，自己则改“公朴”，号仆如，“公朴”为“公仆”的谐音，意思是做人民大众的公仆。九一八事变后他积极参加抗日民主救亡运动。1935年12月，他参加上海各界救国联合会，被推为领导人之一。1936年11月，与沈钧儒、邹韬奋等被国民党政府逮捕，时称“七君子事件”。李公朴终因从事民主运动被国民党杀害。

近代伟大的民主教育家、杰出的民主战士、大诗人陶行知（1891—1946），本名陶文濬，在金陵大学上学期间，受哲学家王阳明“知是行之始，行是知之成”的知行学说的影响，改名陶知行。后来他懂得一切真知识都来源于实践的道理，于

1934年2月创办了《生活教育》半月刊，在7月份发表一篇短文，阐述“行是知之始”的观点，又将名字改为陶行知。他还在一副对联中写道：“行是知之始，学非问不行。”这既表明他的观点，也是对改名“行知”的解释。

著名教育家徐特立（1877—1968），本名徐懋恂。他从小勤俭朴素，热爱劳动人民。有次乘船，看到富人无理斥责船夫，他十分气愤。当时他就想：“我若是一名船夫，船上只运猪，决不运人；我读书如取得科甲，就只做两袖清风的教书先生，不当欺压百姓的官吏。”从此他改名徐特立，取特立独行、高洁自守之意。

著名科普作家高士其（1905—1988），福建福州人，本名高仕錤。1925年赴美留学，1928年在芝加哥大学当研究生做实验时，一瓶甲型脑炎病毒的瓶子突然爆炸，他受感染患上甲型脑炎并留下后遗症。他毕业后回国被聘为南京中央医院检验科主任。他目睹周围的贪污腐败，愤然辞职，从事科普小品的写作，为大众普及科学知识。1935年他的第一篇科学小品《细菌的衣食住行》刊登在李公朴、艾思奇主编的《读书生活》刊物上，署名为高士其。有人问他为什么把“高仕錤”改为“高士其”，他回答：“去掉‘仕’的人旁表示不做官，去掉‘錤’字的金旁表示不要钱！”高士其说到做到。1937年，他抱病历尽艰辛奔赴延安，在陕北公学担任教员，并加入中国共产党。

解放后，高士其曾担任文化部科普局顾问、《自然科学》杂志副主编、人大代表等。高士其与病魔抗争长达六十年，身残志坚，生命不息，著述不止。

著名雕塑艺术家、文艺评论家、美术家王朝闻（1909—2004），四川合江人。原名王昭文，22岁时改名王朝闻，取意《论语》中的“朝闻道，夕死可矣”，决心以不畏死的精神追求真理，让自己的生命微光与祖国独立富强的光明前途融为一体。后来有人说这个名字不吉利，意味着短命。他理直气壮地回答道：“马克思主义之道，我还闻得非常不够，还需要努力去掌握它，运用它，所以我会长寿的。”他为了追求真理，义无反顾，无所畏惧。

以知青为题材的作家叶辛，本名叶承熹。他的处女作发表后，朋友们表示祝贺，建议他以“欣”或幸福的“幸”作为笔名。他经过考虑，选择了“辛”，加上他的姓成为“叶辛”，意思是通过艰辛劳动去争取丰收。果不其然，叶辛成了多产作家。他创作了长篇小说《我们这一代青年》《蹉跎岁月》《孽债》等多部长篇小说和电影文学剧本。现在他已是驰名中外的作家，曾担任贵州《山花》杂志主编，后又担任上海市文联副主席、上海市作协副主席以及中国作协副主席等职。

以名自勉

作家由于某种需要，或是有一个什么机会，为表示一个新的开始，就起一个新的名字。有的人为了勉励自己，往往在新起的名字上体现出激励之意。新的名字，或是自己书写，或是别人呼唤，随时都是一种提醒和警示。

语言学家、文学家刘半农（1891—1934），本名刘寿彭，改名刘复，字伴侬。1926 年他写了三首白话诗，其中《教我如何不想她》，经赵元任配上乐曲，广为传诵。这首诗思念故土、眷恋祖国之情非常浓烈、真诚，激起千千万万读者共鸣，被到处传唱。他原将“伴侬”用作笔名，后改为“半农”，表示不再写那些缠绵悱恻之作。

我国现代著名章回小说家张恨水（1895—1967），安徽潜山人。本名张心远，17 岁时用笔名“恨水”在苏州投稿。之所以给自己起“恨水”这一笔名，是因为他少年时代很喜欢南唐后主李煜的词《相见欢》：“林花谢了春红，太匆匆。无奈朝来寒雨晚来风。胭脂泪，留人醉，几时重，自是人生长恨水长东。”他反复吟诵，从中悟出光阴可贵，于是就截取“恨水”二字作为自己的笔名，勉励自己，时光易逝，岁月不饶人，不能白白流逝。他一生勤奋笔耕，有时同时写几部小说，分别在不同的报纸上发表。他一生创作小说 120 余部，计 2000 余万字，可谓著作等身。

著名作家廖沫沙（1907—1990）曾用过“文益谦”的笔名。这个笔名是这样来的：他想取个笔名，拿着《周易》随手翻阅，翻到“满招损，谦受益”句，就取名“文谦”。编辑建议中间再加一个字就像真姓名了，他就顺便加了一个“益”字，成了“文益谦”。这一笔名署用于 1962 年 3 月至 12 月在《人民日报》的“长短录”专栏发表的杂文。

当代诗人未央，生于 1930 年，湖南临澧人，曾参加抗美援朝战争。1952 年冬回国路过鸭绿江时，他满怀激情写下了短诗《祖国，我回来了》，发表时署名“未央”。这首诗以独白的手法，抒发了他对祖国的无限热爱和烈火般的国际主义精神。1953 年出版了诗集《祖国，我回来了》。他原名章开明，笔名“未央”取自《诗经·小雅·庭燎》中的“夜如何其？夜未央”。未央即未尽之意，表示他的创作仅是开始，用以自勉。果然在以后他继续勤奋笔耕，除几部诗集和短篇集之外，还与人合写了歌颂彭德怀等人领导平江起义的优秀电影文学剧本《怒潮》。

苦闷的象征

鲁迅说过："不过我总以为倘要论文，最好是顾及全篇，并且顾及作者的全人,以及他所处的社会状态,这才较为确凿。"(《"题未定"草（六至九）》)。有的人在本名之后取的笔名常常反映了他一个时期内的思想状况，心情的苦闷也在名字中反映出来。所以，对作家笔名的研究也有助于对作家思想的研究。

现代文学巨匠、著名作家茅盾（1896—1981），浙江桐乡人。原名沈德鸿，字雁冰，有时也用沈雁冰作为正式的名字。他的笔名超过一百个，但常用的笔名仍是茅盾。他早年参加共产党，毛泽东担任广州国民党中央代理宣传部长时，茅盾曾任宣传部秘书。1921 年与郑振铎、王统照、叶圣陶等发起成立中国现代最早的文学团体文学研究会。曾任左联领导。解放后曾任中国文联副主席、中国作协主席、全国政协副主席等要职。他一生著译宏富，创作了包括长篇巨著《子夜》等在内的 11 部中长篇小说、7 部短篇小说集以及话剧剧本、散文、杂文集、理论著作、回忆录等，还有多种翻译作品。“茅盾”最早用于 1927 年 9 月《小说月报》第 18 卷第 9、10 号上发表的中篇小说《幻灭》的署名。这一笔名以后成为使用最多、影响最大的笔名，基本代替了本名。“茅盾”的笔名是这样来的：1927 年《幻灭》发表时，他正在被国民党政府通缉，当然不能用真实姓名。为了使作品能够发表，署名时就写了“矛盾”二字，似乎是信手拈来，然而也不尽然。因为当时形势比较复杂，人们普遍感到周围有诸多矛盾，他自己也感到矛盾重重，就取了“矛盾”二字。这时，武汉国民革命军政治部主任邓演达作报告或说话时，习惯讲“这是个矛盾”，被大家称作“矛盾先生”，所以他用“矛盾”二字也是用以“讽刺别人也嘲笑自己”。但《小说月报》的编辑叶圣陶一看“矛盾”二字，觉得显然是个假名，容易引起人注意。为避免惹麻烦，叶圣陶就在“矛”字上加个草头，成了“茅盾”。百家姓上有“谈宋茅庞”句，有“茅”这个姓，“茅盾”像个人名，就可以蒙混过关了。以后《动摇》《追求》也都署了这个名字。这两部小说与《幻灭》一起构成三部曲。“茅盾”一名也记录了作家当时的苦闷心情。小说发表后立刻引起了人们的注意，不少人打听“茅盾是谁”，徐志摩也写信问，叶圣陶不告诉他。徐志摩就说，除了参加过大革命的沈雁冰，还能有谁？他猜对了。

现代诗人化铁（1925—2013），本名刘德馨。“七月派”重要诗人之一，20世纪40年代出版诗集《暴雷雨岸然轰轰而至》。他被定为“胡风分子”后在文坛消失，直到平反后在2000年出了第二本诗文集《生命中不可重复的偶然》。他说，他的笔名“化铁”是“为了怀念我在幼年时就有了一段化铁炉顶上做投料工的经历”。他的本名是一位老先生给取的，源于刘禹锡的《陋室铭》：“斯是陋室，惟吾德馨。”没想到，成了“反革命”以后被部队开除，到地方办户口时，警察不认识“馨”字，不知道怎么读。尽管本人一再说明，警察都没有耐心听，并武断地说：“以后你就叫刘德兴。好写好念！”不容商量，当事人又有什么话可说！真有点“秀才遇见兵，有理说不清”的意味。退一步说，即或是政治上犯了错误，但并没有犯不能用自己本名的罪，为什么要如此霸道呢？他的“反革命”罪行平反后，他要求将名字更正过来，但有关人员却不予理睬。电话询问，得到的回答是：“刘德兴已经几十年了，把已经输入到电脑的名字改过来，是一件非常复杂的手续。何况，今年你都七八十岁的高龄了……”不用说，没说出口来的潜台词是“都离死不远了，何必麻烦”。自己搞错了，“非常复杂的手续”能成为不改正的理由？再说年迈的老人为什么不能改正？化铁已于 2013 年 9 月 12 日去世。假设一下，在什么都用身份证的当今，去殡仪馆火化时身份证和名字不一致，不知又会生出多少麻烦？政治问题虽已平反，但与此有关的“刘德兴”让他永远忘不了那段屈辱的岁月。

冒名让人恼

社会上有假冒伪劣的商品，也有假冒别人名字的人。记得20世纪60年代初，曾经有一个市级文艺杂志发表了一篇署名赵树理的作品，编辑在“编后记”里又吹捧一通，还说了感谢著名作家赵树理对本刊支持之类的话。事后人们才知道是别人冒赵树理之名投去的稿子。编辑不看作品质量，眼中只盯着名人，也让人唏嘘，而且假冒名人也是道德品质问题。

著名作家师陀（1910—1988），原来笔名是芦焚，因被人冒名，不得已弃之不用，改名师陀。事情经过是这样的：师陀本名王继曾，改名王长剑，又写作王长简。1932年1月在丁玲主编的《北斗》杂志发表短篇小说《请愿正篇》，首次署名

“芦焚”。这是因为当时国民党诬蔑共产党是暴徒，师陀虽不是共产党人，但认为是颠倒黑白，十分气愤，就把英文“暴徒”（ruffian）的读音取为笔名，以示反抗当局的暴政，从而也表明了他的正义感和鲜明的爱憎态度。用了一段时间后，他发现有汉奸文人盗用他的名字，在汉奸报纸上出现了署名芦焚的文章，招摇撞骗，又发现假“芦焚”还在干别的坏事。为了不引起误会和混乱，他主动放弃芦焚一名，并在1946年7月的《文汇报》上发表了《致“芦焚”先生们》一文，从此改名师陀。“陀”，辞书解释是“起伏不平貌”，“师陀”的意思是师从高地或小丘陵，“表示胸无大志”。其实这是作者的自谦，也反映了师陀朴素、求实的精神。虽然他还有其他笔名，但主要还是用“师陀”，于是“师陀”一名也为广大读者所知。在抗战中他蛰居上海，过着艰苦的生活，却始终保持着可贵的民族气节，从不为汉奸刊物写片言只字。

著名女作家草明（1913—2002），本名吴绚文。1933年，她在左联刊物上发表作品，有明显进步倾向，引起国民党当局注意，本名便不能用，不得已另起笔名。起什么名字呢？她认为自己头脑里共产主义思想已经萌芽，再就是青草最先接受阳光的照射，“野火烧不尽，春风吹又生”，它不是温室里的花朵，生命力极强，能经得起任何风霜和摧残。于是她就选中一个“萌”字，将“萌”字拆开，一分为二，即“艹”“明”——

“草明”作为新的笔名。这一笔名，寄托着年轻的作家对劳动人民的爱，以及对光明的热烈追求和无限热爱，也反映了她对共产主义的憧憬和为之献身的决心。就是这样一个为自己喜爱和饱含深意的名字后来却被人冒用，在“第三种人”的刊物《文艺》上发表短篇小说《赶夜路》。草明看到以后很气愤，写了二百字的声明，斥责冒名者的无耻，希望在《申报》增刊上发表。鲁迅知道后，认为此举难免为他人做义务宣传，便代草明拟定数言，让她附在下次发表作品的后边，既达到了目的，又扩大了宣传。这使她领会到前辈的斗争艺术，很受启发。

直接假冒名人的名字是一种情况，在名字上做文章的还有另一种情况：用相近字眼，妄图鱼目混珠的。譬如，香港武侠小说作家金庸的作品在大陆出版，很受读者欢迎，于是就有人用“金庸新”或“金康”“全庸”的笔名欺骗读者。有人用与香港武侠小说作家古龙名字相近的“占龙”，妄图使粗心的读者误认为是同一个人。这可能就是所谓的打“擦边球”吧，其实是心术不正的人玩弄的一种拙劣伎俩。

诗意尽在笔名中

作家笔名有深意，作家笔名有诗意，也在情理之中。加之作家尤其是老一代作家，从小受中国传统文化熏陶较多，所取名字往往出自《诗经》《楚辞》等古代典籍。这一方面反映本人或取名者的文化素养，另一方面也蕴含诗意，考究起来，饶有情趣。

女作家、教授冯沅君（1900—1974）曾用笔名为“淦女士”。据她的丈夫陆侃如教授说：“‘淦’训‘沉’，取庄子‘陆沉’之意。”《庄子·则阳》说：“方且与世违，而心不屑与之俱，是陆沉者也。”冯沅君取“淦”为名，正说明虽隐于市朝，乃至遭埋没，但仍不甘心与之同流合污。后来由于作家思想变迁，笔名改为“沅君”，则与《楚辞》有关。《楚辞·九歌·湘夫人》中有佳句：“沅有茝兮澧有兰。”王逸注：“言沅水之中，有茂盛之茝，澧水之内，有芬芳之兰，异于众草。”后人以此比喻高洁的人品或事物。取名“沅君”是作家自勉，表示要永远做一个廉洁正直的人。她在丈夫被错戴“右派分子”帽子的情况下，仍担任山东大学副校长，说明她在领导和群众眼中确实是一个堪负重任的廉洁正直的人。

名字取自《楚辞》的也还有人。现代诗人、翻译家戴望舒（1905—1950）的名字取自《离骚》：“前望舒使先驱兮，后飞廉使奔属。”望舒是神话中为月亮驾车的神，后来作为月亮的代称。取“望舒”，意在迎取光明。著名诗人、散文家何其芳（1912—1977）的名字则取自《离骚》“何所独无芳草兮”。

过去的作家，熟读《诗经》的众多，名字取自《诗经》的自然也不少。林徽因（1904—1955），建筑学家、教授，梁思成的夫人。她是才貌双全的女作家，在新诗、小说、散文、戏剧以及雕塑等方面都有很深造诣。她的名字出自《诗经·大雅·思齐》：“思齐大任，文王之母。思媚周姜，京室之妇。大姒嗣徽音，则百斯男。”后因别人用与此名相近的名字，为避免误会，又改为林徽因。台湾著名作家琼瑶生于1938年，原名陈喆。喆为“哲”的异体字，意为聪明。她以“琼瑶”作为发表作品的笔名，语出《诗经·卫风·木瓜》：“投我以木桃，报之以琼瑶。匪报也，永以为好也。”“琼瑶”指美玉，以此为笔名，用以自励。

文学家、艺术教育家李叔同（1880—1942），浙江平湖人，“忧时愤世，报国无门”，39岁时告别妻子，出家为僧，法名演音，号弘一，人称“弘一法师”。李叔同特别喜欢晚唐诗人李商隐的诗，对《晚晴》尤为欣赏。诗云：“深居俯夹城，春去夏犹清。天意怜幽草，人间重晚晴。并添高阁迥，微注小窗明。越鸟巢干后，归飞体更轻。”他晚年自号“晚晴老人”，虽已出家为僧，但仍关心抗日。丰子恺曾邀他到内地躲避战乱，他回答道：“朽人年来，老态日增，不久即将终生极乐……犹如夕阳，殷红绚彩，随即西沉。”后两句“犹如夕阳，殷红绚彩”正是“晚晴”二字极好的写照。

女作家庐隐（1898—1934），本名黄淑仪，曾用笔名黄英。她的笔名庐隐取自苏轼的《题西林壁》：“横看成岭侧成峰，远近高低各不同。不识庐山真面目，只缘身在此山中。”既然庐山真面隐而不见，取笔名也是为隐去真名，就取名“庐隐”。有意思的是，著名历史学家、思想史专家侯外庐（1903—1987）的名字取自同一首诗的“不识庐山真面目，只缘身在此山中”句。侯外庐本名玉枢，1928年旅法期间将名字改为外庐。他的意思是身在庐山不识庐山真面，身在庐山之外，当然就能识庐山真面，所以他就改名“侯外庐”，以此自励。他一生著述甚丰，还翻译出版了中国最早的《资本论》第一卷全译本。

以长篇历史小说《李自成》的创作受到毛泽东的支持、更广为人知的老作家姚雪垠（1910—1999），是父母的第三个儿子。前边两个哥哥名字中都有一个“冠”字，所以他本名为姚冠三。幼时家庭充满忧郁和没落气氛，他又读了一本感情不健康的小说，对人生产生了悲观情绪，将名字改为浮生，出自李白的《春夜宴从弟桃花园序》中“浮生若梦，为欢几何”。19岁时，他在家乡河南的省城开封考学，复习期间，在《河南日报》发表处女作《两个孤坟》（小说）所用笔名雪痕，取自苏轼的两句诗“人生到处知何似，应似飞鸿踏雪泥”。后来思想感情发生变化，把原名中“痕”字的“疒”去掉，换成“土”旁，抛弃带有鸳鸯蝴蝶派色彩的笔名雪痕，改为姚雪垠。此后，这一名字成了他的常用名。

从诗句取用笔名的当然不止上述几人，其他如左联五烈士之一的冯铿（1907—1931）。因她生于10月10日，大哥就从前人诗句“十月先开岭上梅”中给她取了一个文雅的名字“岭梅”。她1926年发表的作品大多都署用这个名字。当代诗人沙鸥（1922—1994），本名王世达。“沙鸥”一名取自杜甫《旅夜书怀》中的“飘飘何所似，天地一沙鸥”句。

两个人的名字紧相联

作家中一般人不仅没有文人相轻的陋习，而且有着诚挚的友谊。有的作家，两人情同手足，名字互相关联，以见证他们的友谊。

两位四川籍老作家艾芜（1904—1992）和沙汀（1904—1992），确实有不少相似之处，两人也有着长期的友谊。他俩都是1904年出生，也都在1992年去世。艾芜比沙汀大半岁，沙汀去世比艾芜迟9天，都享寿88岁。两人都是左联老战士。艾芜曾任四川省文联、省作协名誉主席，有《南行记》《夜归》《百炼成钢》等多部作品。沙汀曾任中国作协副主席、中国社会科学院文学研究所所长，作品有《随军散记》(解放后改名《记贺龙》再版）、长篇小说《淘金记》《困兽记》《还乡记》等。他俩曾是四川省第一师范的同学。1931 年 11 月 29 日两人一起给鲁迅写信请教，鲁迅在 12 月 25 日就热情地写了回信。“来信”和“回信”都发表在 1932 年《十字街头》第三期。后又收入鲁迅的《二心集》，即著名的《关于小说题材的通信》。艾芜原名汤道耕，改名汤爱吾，笔名艾芜。沙汀本名杨朝熙，又名杨子青，笔名沙丁。“沙丁”是对金矿、煤矿井下工人的通称，他们的工作是沙里淘金。他俩是同窗好友，又有共同的志趣和爱好，艾芜希望沙丁与自己的名字相对称，建议将“丁”改为“汀”，于是沙丁成了“沙汀”。一个人的名字是两个“草头”，另一个人的名字是两个“三点水”，使他们在精神上联系在一起。以后他们俩都成了著名作家，著作等身。

再就是两位湖南女作家谢冰莹和王莹。谢冰莹（1906—2000），湖南新化人，原名谢鸣冈，字凤宝，曾更名谢彬。“冰莹”是她的笔名。由“彬”的谐音取“冰”字，“莹”为剔明透亮的玉石。“冰莹”的意思是纯洁、明亮如玉。她十分喜爱这个笔名，后来索性就将她的正式名字改为“谢冰莹”。这一名字就伴随她终生。谢冰莹 20 世纪 30 年代曾两度赴日，在东京早稻田大学从事研究时，适逢伪满皇帝溥仪访日，她因拒绝欢迎而遭日警逮捕，囚禁中受尽酷刑。后来她将这段经历写成《一个女兵自传》和《在日本狱中》，揭露日本侵略者的罪行。

抗战开始后，曾组织湖南妇女战地服务团，赴前线救护伤员。1948年去了台湾，在大学任教并从事创作，后移居美国。共创作小说、散文、传记、儿童文学作品六十余部。女作家、话剧演员、电影艺术家王莹（1913—1974），安徽芜湖人。本名喻志华，在湖南湘雅医院护士学校学习时，改随母亲姓，取名王克勤。她怀着正义感，与湖南军阀镇压进步势力、屠杀工农群众的罪行进行斗争，遭到通缉，由地下党掩护逃到上海。她与夏衍合作，创作了话剧《台儿庄之战》，并主演影片《自由神》《女性的呐喊》。抗战中参加了洪深领导的救亡演剧队，以主要演员兼副团长的身份，率团赴南洋和香港演出，募集抗战基金。她在爱国华侨和外国友人中具有巨大影响，曾应美国政府邀请，在白宫演出抗日广场剧《放下你的鞭子》，受到罗斯福总统夫妇、内阁官员及各国使节的热烈欢迎。1955年回国，创作了长篇小说《两种美国人》等。“文革”中受到江青一伙的残酷迫害而冤死于狱中。在上海时王莹就结识了比她大的谢冰莹。她读过谢冰莹的《从军日记》，十分仰慕这位女杰。两人相识后，志同道合，亲如姐妹。谢冰莹觉得“王克勤”这个名字不好，便把自己名字中的“莹”字送给她，于是王克勤更名“王莹”。此后她就一直用王莹这个名字。粉碎“四人帮”后，王莹得到平反，强加在她身上的不实之词统统被推翻，王莹的名字又重新恢复了光彩。

最后说说萧军和萧红。两人都是东北人，患难中走到一起。他们一同到上海，受到鲁迅的关怀和提携，很快成为文坛上两颗耀眼的新星。其实两人都不姓萧，萧军（1907—1988），学名刘鸿霖。萧红（1911—1942），原名张荣华，学名张迺莹。萧红、萧军都是他们的笔名，两个笔名合在一起是“小（萧）小（萧）红军”的意思，表示他们对共产党领导下的红军的敬仰和向往。两位作家是一对情侣，虽然后来分道扬镳，但两个笔名却一直沿用了下来，基本代替了本名。萧红、萧军两个名字仍在向人述说着他俩之间令人难忘的情意。

笔名隐含伉俪情

男女结为夫妻后，同甘共苦，相濡以沫，生儿育女，互相陪伴终生，自然是关系最密切的了。夫妻二人一旦有重新起名的机会，有的人也愿名字互有关联，以示夫妻的恩爱。

郭沫若借署过日本妻子安娜的名字，鲁迅也借署过妻子许广平的小名许霞以及由此变化而来的笔名许遐。夫妻二人名字互借的这一现象并不是现在我们要谈的内容，我们要谈的是夫妻二人名字互有关系。

唯美派诗人邵洵美（1906—1968），本名邵云龙，曾在英国留学。他喜爱诗歌，决心做个诗人，而不去做官。他出版了诗作《天堂与五月》《花一般的罪恶》《诗二十五首》等。他与盛佩玉是姑表姐弟，结为夫妻。因为《诗经·郑风》里有“洵美且都”“佩玉将将”的句子，他就给自己取了“洵美”这个名字。1924年7月25日《时事新报·学灯》译载《归欤》时即署“洵美”一名，从此这个名字就一直沿用了下来。

无独有偶，类似情况也发生在胡乔木身上。胡乔木（1912—1992），原名胡鼎新，笔名有乔木、钟洛、开泰等，曾任毛泽东的秘书、新华社社长、中共中央宣传部副部长、中共中央书记处书记、中国社会科学院院长等职。“乔木”出自《诗经·小雅·伐木》中的一句诗：“出自幽谷，迁于乔木。”1938年，他与同在安吴青训班的李桂英结为夫妻。结婚时他为妻子改名“谷羽”。谷羽就是“出自幽谷，迁于乔木”的鸟，羽即鸟。夫妇之名出于同一首诗之中，可谓秀才本色，也可见他们恩爱有加。1982年胡乔木七十寿辰之日，写了《有所思》一诗，诗中有“得意晴空羡飞燕，钟情幽木觅鸣禽”的句子，用“钟情幽木觅鸣禽”表达了“乔木”与“谷羽”的幸福结合。

林默涵（1913—2008），本名林烈，他在延安担任《解放日报》副刊编辑时，发表文章曾署名“禾乃英”。原来他的夫人名叫孙秀英。他把“秀”字拆开便成“禾乃英”一名。

新中国成立后，朱仲丽曾任北京苏联红十字医院第一任院长。她是王稼祥的夫人，也是位老延安。王稼祥（1906—1974）是老一代无产阶级革命家，抗日战争时任中共中央军委副主席、总政治部主任。解放后为首任驻苏大使，后又任外交部副部长、中共中央对外联络部部长、中共中央书记处书记等。朱仲丽1937年到延安后任中共中央机关医务所所长，兼任毛泽东的保健医生。退休之后手术刀换成了写作的笔，创作了《爱与仇》《江青外传》《王稼祥夫人朱仲丽自传三部曲》等十多部小说，计500余万字。她用的笔名是“珠珊”，两个字偏旁都是“王”字，以寄托对丈夫王稼祥的深切缅怀和敬仰之情。

“无名”也是名

在过去，作品作者姓名失传，还要注上“佚名”二字，算是对读者的一个交代。但在20世纪初，有的作者却不愿署名字。署个笔名也还罢了，因为毕竟还是名字，但不要名字，不知是怎样考虑的。20世纪二三十年代，有人主张废除姓氏，还有人主张不要名字。余生也晚，详情不知，只知道曾发生过此类事情。而这些事都发生在社会上有一定影响的人身上，绝不会是不见经传的一般人。他们在我们眼中都是名人，不过名人也有过年青时代，况且发生这类事时他们也都正年轻，在今天看来，也许是一种偏激情绪的表现。事实证明，姓氏和名字是一个人在社会上的个体代号，是废除不掉的。

下面说说与此有关的几件事，以飨读者。

钱玄同，浙江吴兴（今湖州）人，语言文字学家，北京大学教授，著名科学家钱三强的父亲。他是五四时代的一员骁将，也是当时的风云人物。他在《新青年》上发表的《随感录》的通信，文字激烈，影响颇大。他给人题字，多署“疑古玄同”。“疑古”为他的字，字在前，名在后，有这样的写法，但就是没有姓。

再说说不要名字的“废名”。废名原本有名，叫冯文炳。废名算是他的一个笔名。早在20世纪二三十年代，他的小说《竹林的故事》《莫须有先生传》等，以独特的风格成为乡土文学的代表作品，受到读者关注，废名一名也广为人知。虽说要废除名字，但署上“废名”二字，也算是名字。难怪鲁迅当年说“要真的废名，必须连‘废名’这笔名也不署”。看来要废名也只是主观的一种愿望而已。他原是北京大学中文系的教授，解放不久被调往东北人民大学，很快他就写出了《跟青年谈鲁迅》一书，几经波折，终于在胡乔木的关怀下，1956年在鲁迅逝世二十周年之际出版。废名和鲁迅有过交往，作为研究文学的同道，以毛泽东对鲁迅的论述为指导，自觉自愿地做宣传鲁迅的工作，这本书自有它的特点和可贵之处。这本书和他以后发表的纪念鲁迅的文章都署名“冯文炳”。冯文炳正是“废名”的正身，当然也顺理成章，不过不仅本名没废除掉，“废名”一名也留在中国现代文学史上。

宣称不要名字的还有香港学者王世昭。他生于1906年，福建福州人。他有一个笔名叫“无名氏”，还有《无名氏自传》问世。

我们现在要介绍的是另外一个“无名氏”。无名氏（1917—2002）原籍江苏扬州，生于南京。原名卜宝南，又名卜宁、卜乃夫，笔名“无名氏”。说也奇怪，虽说无名，但他忽略了“无名氏”也是名，真是有点“此地无银三百两”，只不过透露了一点儿不想要名字的信息。至于为什么这样做，局外人不好乱猜测，只好不去管它。

本名卜宝南的“无名氏”，解放前曾任香港大学《立报》、重庆《扫荡报》等报社记者、编辑，抗战时在重庆担任《星报》等几家报纸驻重庆派员，采写的韩国抗日志士的文章尤其受到国内外关注。1943年在华山疗养，写成长篇小说《北极风情画》，原来他用的几个名字已为人知，就顺手署上“无名氏”三个字，在西安《华北新闻》上连载，立即轰动西安，在人们聚集处“满城尽说无名氏”。接着出版了单行本，初版2000册，很快销售一空。不久又借朋友的爱情故事，用15天时间写成《塔里的女人》，自费出版3000册，20天全部售完。《北极风情画》可以说是无名氏的成名作，《塔里的女人》可以说是无名氏的代表作。两本书都在西安以无名书屋名义自费出版。这两部爱情小说，以独特的艺术手法和新奇的表现技巧，以及个性鲜明的人物形象、缠绵凄切的曲折情节吸引了广大读者，连续再版，风靡一时。此人解放后就在大陆，没有公职，也没有公开参加社会活动，靠当工人的妻子的微薄工资和香港兄长的接济，与母亲艰难度日。改革开放后，他才像出土文物一样受到关注。1982 年，无名氏去香港与亲人团聚，1983 年去了台湾，到处作报告、讲课，几次回大陆访问，尘封多年的著作得以出版。其实他一直没有停下手中的笔，在蛰居状态下创作了一系列作品，以后出版的《无名书系》六卷 260 万字，基本都是这一时期的劳绩。无名氏在港台以及大陆出版著作三十余种，这都是多年勤奋劳作的成果。2002 年，无名氏在台湾去世，终年 85 岁。

“废名”废不了

“废名”是何方人氏？怎么有这样一个名字？

废名是一位现代作家，本名冯文炳（1901—1967），湖北黄梅人，五四时期曾在北京大学学习，毕业后留校任教。抗日战争爆发后，从事中小学教育，抗战胜利后又回到北京大学任副教授、教授。1952 年调至东北人民大学（现吉林大学）中文系任教，1956 年任系主任。

废名青年时代曾在鲁迅领导的《语丝》杂志发表作品，陆续出版了短篇小说集《竹林的故事》（北新书局，1925 年）、《莫须有先生传》（开明书店，1932 年），长篇小说《桥》（开明书店，1932 年）等。其作品语言简练，风格简洁淡雅，于平淡中寄寓着作者的哀愁。鲁迅在《〈中国新文学大系〉小说二集序》中曾说："后来以'废名'出名的冯文炳，也是在《浅草》中略见一斑的作者……"

废名是以"废名"出了名，为什么取这样一个怪怪的名字呢？当年去姓改名是一股风潮，著名学者、五四新文化运动的先驱钱玄同就曾经用过"疑古玄同"的别名。还有把名字叫作"无名"的。著名女作家丁玲原本姓蒋，她也不用蒋姓，用笔画简单的丁为姓，叫"丁冰之"，后又改作"丁玲"；而废名走得更远，索性连姓、名都不要，高呼"废名"，等于竖起一个旗杆，唯恐别人不知晓。也许当时废除姓名是一时风气。从资料上获悉："使用过'废名'作为笔名的现代作家不下于三人，即在冯文炳之外还有丘士珍、姜椿芳等。"（眉睫《有关废名的几条新史料》，见《新文学史料》2008 年第 3 期第 145 页）丘士珍（1905—1993），发表过小说、剧本等，笔名"废名"署用于 1934 年前后，用于新加坡《南洋商报》。姜椿芳（1912—1987），曾用名姜椒山在上海等地发表创作、译文、影剧评论等。他是中国大百科全书出版社首任总编辑，被称为"中国大百科全书之父"，又被誉为"中国狄德罗"，也曾用"废名"署名。

废名到底是一个什么样的人呢？我们还是看看近距离接触过他的人是怎么谈的。简单来说，是一位性情中人。他的学生乐黛云曾说过几件事，让人忍俊不禁，我们对他才有了进一步了解。他给大一学生上国文课，第一堂讲鲁迅的《狂人日记》，一开头就说："对《狂人日记》的理解，我比鲁迅先生自己了解得更深刻。"直言不讳，真不容易。评价一名学生的文章，他这样称赞："你的文章写得很好，真像我的文章。"如此直截了当，确实难得。还有一件事，他说："在1949年前中国有两个怪人，一个是'天上地下，唯我独尊'的熊十力，一个是莫须有先生的化身废名（冯文炳）。"1948年夏，熊十力、废名二人门对门住，熊十力在一篇文章中批评了佛教，而废名信仰佛教，两人经常因此辩论。有次听到两人大声辩论，后来却没有声音。别人感到奇怪，一看两人已扭打在一起。(见《"真人"废名》）此外，周作人《怀废名》一文也谈了废名与熊十力打架之事，并说，打过之后"旋见废名气哄哄地走出，但至次日乃见废名又来，与熊翁在讨论别的问题矣"。如此看来，知识分子是一时感情冲动，厮打在一起，但不伤感情。

"废名"首次署用于1926年7月26日出版的《语丝》周刊第89期发表的《无题之三》一文。40岁过了还与同事打架，二十多岁时偏激也就可以理解了。还是鲁迅说得好："写文章自以为对于社会毫无影响，正如称'废名'而自以为真的废了名字一样。'废名'就是名。要于社会毫无影响，必须连任何文字也不立，要真的废名，必须连'废名'这笔名也不署。"

（《势所必至，理有固然》）

看来用“废名”作笔名只是年轻人的一时冲动。名字是人在社会上的代号，不要名字怎么称呼呢？恐怕他自己后来也认识到这一点，在 1956 年由中国青年出版社出版的《跟青年谈鲁迅》一书中，作者就署名“冯文炳”。不过“废名”一名也留在了现代文学史上。

不同名字，各有用途

笔名的自由性大，所以有的人在不同阶段用不同的名字，或是同时用几个名字，而不同名字又各有不同用途。当然，说不同名字有不同用法，不是截然分开，而是大体有所划分。

茅盾（1896—1981），原名沈德鸿，字雁冰，所以又名沈雁冰，他用过的笔名有一百多个，茅盾是常用的一个笔名，基本当本名使用。解放后担任文化部长时，一般用沈雁冰；以作家身份出现时，一般用茅盾。

著名文学史家、剧作家阿英（1900—1977），原名钱德富，又名钱德赋，改名钱杏邨。他用过的笔名有 20 多个，主要名字是阿英。阿英著述繁多，往往不同的著作署用不同的名字。

他在《北平晨报》投稿时用的笔名是赵玲，编纂书籍时用的笔名一般是张英（但编辑《中国新文坛秘录》一书时用的笔名是阮无名），出版剧本《洪宣娇》《碧血花》时用的笔名是魏如晦，“阿英”则作为发表考据文章和学术著作用。这一笔名影响最大，基本成了他的常用名。

著名漫画家方成生于1918年，祖籍广东中山，生于北京。本名孙顺潮，解放前在《时与文》投稿时署名“华山”；发表杂文配画和杂文时署名“张化”；发表漫画一般都用笔名“方成”，这一笔名成了他的常用名。

以写蒋介石家族人物，尤其是专写蒋介石的《金陵春梦》而出名的香港作家唐人（1919—1981），据笔者所掌握，他用过的笔名有18个（详见拙编《港澳台暨海外华人作家笔名通检》，三秦出版社2010年版，第208页），但最出名的是“唐人”一名。不过他的一些笔名有分工：他的第一本书《人渣》出版时署名洛风，写香港现实生活的小说用笔名阮朗，写电影剧本用笔名颜开，写散文随笔用笔名江杏雨，写《台湾之窗》时事分析文章用笔名高山客，写《宋美龄的大半生》用笔名草上山人，写《蒋后主秘录》用笔名今屋奎一。

香港武侠小说作家梁羽生（1924—2009），一生共写了各种武侠小说35部。他本名陈文统，1954年1月20日开始在香港《新晚报》上发表武侠小说《龙虎斗京华》，署名梁羽生，结果一炮打响，开启了武侠小说的新道路。梁羽生这个名字给读者留下深刻印象。梁羽生虽以武侠小说而名声大振，但他也写过其他类的文章：他在香港《大公报》《新晚报》两种报纸副刊上发表文艺随笔，用笔名冯瑜宁；在上述两报发有文艺小品，署用笔名梁慧如；在香港《新晚报》开辟过一个“李夫人信箱”，专门解答读者婚姻、恋爱等生活和工作方面的问题，所以“李夫人”成了他又一个笔名；《金庸梁羽生合论》是一篇两万余字的论文，署用笔名“佟硕之”，取“同说之”的谐音。

台湾作家柏杨（1920—2008），本名郭定生，后改名郭立邦、郭衣洞。开始写现实小说，有《怒航》《挣扎》《旷野》《秘密》等，他用犀利的笔触，揭露台湾社会吃人的本质。发表这些小说他用的名字是郭衣洞。20 世纪 60 年代他由写小说转写杂文，开始署用笔名柏杨。“柏杨”这一名字基本上成了他的常用名。

台湾作家张秀亚（1919—2001）写散文署名陈蓝，写小说署名亚蓝，写诗词署名张秀亚。

著名散文家、编辑家袁鹰生于 1924 年，本名田复春，改名田钟洛。袁鹰是 20 世纪 40 年代他上初中时开始用的名字。由于长期在报社任编辑，有时因工作关系需要写各类文章。他写诗用笔名江水；写散文用笔名杜若湘；写影剧评论用陈心；因赶任务临时逼出的文章署笔名林碧，取“临逼”的谐音；因需要临时补上的文章，署笔名凌世步，取“临时补”的谐音。

当代作家苏叔阳，生于1938年，诗歌创作用苏扬的笔名，取“苏阳”的谐音；短篇小说署用笔名余平夫，意即作者为平平常常一个人。

决不改名

笔名的灵活性大，既可随意自取，也可随意更换，甚至有的人还闭着眼睛在字典中摸，或揉成纸团抓阄。虽然如此，但作家对笔名并不是马虎从事，还是认真对待的。用什么名字决定于作家本人，他人无权更换。

先说说郭沫若。20 世纪 20 年代，郭沫若遭到国民党当局悬赏通缉，在周恩来的安排下离沪旅居日本。由于远离祖国，受到客观条件的限制，他不得已从事历史和考古研究，在十分艰苦的环境下做出了成绩，于 1930 年完成《甲骨文字研究》。南京中央研究院知道这种情况后，托人转告郭沫若，只要他改换一个笔名，他们愿在院刊上发表，刊完后再出单行本，并且稿酬从优。按说这是一个不可多得的好机会，郭沫若当时经济拮据，改换笔名似乎也是小事一桩，随便换一个笔名就可以得到一笔不菲的稿酬，但郭沫若没有接受这个要求，他回信说："耻不食周粟。"（《革命春秋·海涛集》）

再看看著名翻译家傅雷（1908—1966）。他曾留学法国，也算是一名"海归"，解放后没有工资，靠稿费生活。译著出版的报酬成了他唯一的生活来源。好在他的翻译质量上乘，出版社看得上。1957 年他被打成右派，出版社同情他的处境，准备继续出版其译著，但碍于他"右派分子"的帽子，出于好意，提出要改署名。傅雷一口回绝，说："译著署个什么名字，本来无所谓。可是因我成了右派，要我改名，我不干！"学生时代傅雷就参加反对学阀的运动，表现出孤傲、倔强、正直、锋芒毕露的性格。傅雷少有大志，博学而敏慧，刚正不阿，决不苟且，在唯一生活来源可能断绝的情况下，宁可不出书，也坚决不改名。这表面看来是冒"傻气"，实际是对强加在自己头上的右派帽子的一种抗议，真有点"行不更名，坐不改姓"的硬汉精神；从根本上来说，反映的是中国文人的骨气。结果他翻译的巴尔扎克的小说仍然署名"傅雷"一部又一部地出版。后来宣布给他摘掉右派帽子，他也不予理睬。不过，这样的人最终难逃"文革"一劫。"十年动乱"开始不久，傅雷不堪凌辱，夫妇两人双双于 1966 年 9 月 2 日自杀，以生命为代价维护了知识分子的人格和尊严。

陈独秀（1879—1942）晚年在极端困难的条件下从事语言文字研究，编写《小学识字课本》，为贫苦儿童识字之用。完稿后，国民党教育部准备出版，但要求隐去“陈独秀”的名字，遭到陈独秀断然回绝。陈独秀性格率真耿介，唯真理之命是听，在署名上表现了真君子、大丈夫气概，做到了“富贵不能淫，贫贱不能移，威武不能屈”。

最后再说一下著名作家丁玲（1904—1986）。她一开始创作就是左翼作家，后来到延安。解放前和黑暗反动势力斗争，解放后以满腔的爱国热情投身到社会主义的文化事业中。她创作的长篇小说《太阳照在桑干河上》，1951 年获得了斯大林文学奖。刚解放，她就担任了中央文学讲习所所长、中国作家协会副主席。就是这样一位作家，在 20 世纪 50 年代末却被戴上右派帽子，成了“反党反社会主义”的“敌人”。她被发配北大荒劳动改造时，有人好心地劝她“改个名字吧，免得不方便”，丁玲却回答：“我行不改姓，坐不改名，再大的风浪也经得住，没有什么了不起。”这充分表现了她大无畏的精神。就这样从 1958 年到 1970 年，丁玲夫妇戴着“右派分子”的帽子在北大荒生活了 12 年。由于她真诚做人，在磨难中，她也得到了基层群众的理解，并赢得许多人的友谊。

奇妙的巧合

中国是一个有十多亿人口的大国，一些大姓中，同名同姓的人往往不少。这里只指重名，不包括合用名和借用名。譬如，报载叫“刘波”的，全国就有130多万人。同样，笔名重名者也大有人在，因为文化背景相同，所接触的许多文化典籍也是大同小异的。虽然各人取各人的名字，但有相近、相同的想法也是难免的，所以取名重复的可能性当然存在。也许是“英雄所见略同”，或者是“人同此心，心同此理”。人们对正式的名字比较慎重，还有那么多重复的。对于笔名，有的人比较轻率，随意取个名字，偶尔用一下，不小心重复了也不奇怪。请看下面的一些事例。

鲁迅、郭沫若都用过“戎马书生”的别号。鲁迅青年时代喜文崇武，为了表示自己英勇年少、挥斥方遒的激情，在南京读书时，就取了“戎马书生”这个别号，并将此别号制成朱文印章，印在自己的书上，最早见于他1898年购的《徐霞客游记》一书。郭沫若1926年在北伐军总政治部时也曾用过“戎马书生”的别号。当时北伐战事初起，郭沫若投笔从戎，将随军从广州出发。他的好友孙炳文设宴饯行，在宴会上特将“戎马书生”的雅号奉赠。郭沫若欣然接受，并刻成一枚印章，曾印在1938年由他编写的《战时宣传工作》一书上。

茅盾和翻译家董秋芳都用过“冬芬”的笔名。茅盾在1923年4月10日《小说月报》第十卷第四号发表译作《卡利奥森在天上》等署过“冬芬”的笔名。翻译家董秋芳（1898—1977），浙江绍兴人，笔名董秋航，1928年曾以“冬芬”（与“秋芳”对称）的名字给鲁迅写了信，鲁迅以“文艺与革命（并冬芬来信）”为题，在《语丝》第四卷第十六期上作了公开答复。此文后收入《三闲集》之中。

楼适夷（1905—2001），浙江余姚人，本名楼锡春，又名楼建南。1931年5月25日，他以“林莽”为笔名在《文艺新闻》发表《白莽印象记》一文。定居香港的中国现代作家李辉英（1911—1991），吉林永吉人，1957年发表《中国新文学廿年》时也署名“林莽”。

现在我们再谈一下鲁迅、茅盾、宋云彬三个人都用过的笔名“佩韦”。鲁迅20世纪30年代在《十字街头》双周刊第一、三期上发表《知难行难》《“知识劳动者”万岁》时署名“佩韦”。茅盾1920年1月在《妇女杂志》第六卷第一号发表《妇女问题的建设方向》、译文《家庭与科学》等时均署“佩韦”。宋云彬（1897—1979），浙江海宁人，字佩韦，“佩韦”也用作笔名，1940年在《中学生》杂志发表文章，署名就是“佩韦”。为什么三个人不谋而合都用了“佩韦”这个名字呢？其典故出自《韩非子·观行》篇：“西门豹之性急，故佩韦以自缓。”意思是说：“西门豹性子急，所以经常佩带韧的牛皮，以提醒自己遇事冷静，不要急躁。”大约三人都欣赏这个典故吧！

党内还有两个“乔木”、两个“陈毅”。两个“乔木”还是毛泽东给解决的，两个“陈毅”则是自己解决的。两个“乔木”是指胡乔木（1912—1992）和乔冠华（1913—1983）。两个人都是党内的“笔杆子”。两人还有相仿、相似、相同之处。他俩年龄只差一岁，都是江苏盐城人，同是清华大学的学生。胡乔木原名胡鼎新，曾任毛泽东秘书，在延安《解放日报》发表文章时署名“乔木”。乔冠华在担任新华社香港分社社长时也经常以“乔木”的笔名发表文章。人们为了区别他们两个，称在延安的胡乔木为“北乔木”，称在香港的乔冠华为“南乔木”。在重庆的《新华日报》上经常看到署名“乔木”的文章，人们分不清是谁的。事有凑巧，1945年，胡乔木随毛泽东赴重庆谈判，在重庆八路军办事处与乔冠华相遇，两人的重名还带来些小“麻烦”。于是毛泽东出面“断名”。经询问，知道乔冠华原本姓乔，而胡乔木最先用“乔木”发表文章，各有各的道理。于是让乔冠华仍用他的原名，让胡乔木在“乔木”前加一个“胡”字，成胡乔木，这样使人区别开来。进京后，胡乔木担任中央人民政府发言人，后任中共中央书记处书记、中国社会科学院院长等职。乔冠华解放后主要在外交战线工作，20世纪70年代曾担任外交部部长。两个“陈毅”都是老革命，都是身兼要职。一个指元帅陈毅（1901—1972），担任过国务院副总理兼外交部部长；另一个是担任过解放军总政文化部部长的陈沂（1912—2002）。陈毅，四川乐至人，原名陈世俊，上小学时改名陈毅。1927年参加了南昌起义。陈毅解放后担任过首任上海市市长、中央军委副主席、全国政协副主席等职。陈沂，贵州遵义人，本名佘万能。1936年在《中流》杂志发表《化苗的人们》，署名陈毅。抗战初期到山东沂蒙山，因新四军军长名为陈毅，是自己的首长，为免别人误会，遂将自己的名字改作陈沂。陈沂1979年后曾任上海市委副书记、宣传部部长，后任上海市人大常委会副主任。

年轻一点儿的作家，也有类似笔名巧合的现象。如，阿城本名钟阿城，生于1949年。1984年发表处女作《棋王》，署用笔名“阿城”。另一位笔名阿成的作家，本名王阿成，生于1948年，发表过小说《年关六赋》等。两人都是实力派作家，各自都获得多种奖项。虽然阿成1979年就开始发表作品，但影响相对小一点儿，所以在阿城的《棋王》发表不久他投稿时，编辑还以为他要沾阿城的光，他才署名“阿成”。如今两人已是旗鼓相当的著名作家，各自都取得了不凡的成绩。名字虽读音一样，但写法稍有不同，文学圈的人应该不会搞错。不过名字翻译起来要进行区别，还得费一番脑筋。但那是翻译家的事了，我们可以不去管它。

作家名字重复了，如果不明底细，就得考证某一著作究竟为何人所作。同一名字是何人所用，鉴别、考证起来还是颇为费事的。

以名字为借口无事生非

因为名字而无事生非，当然是迫害人的借口。从根本上说，“欲加之罪，何患无辞”？迫害人的人在别人的名字上大做文章，倒让我们领教了这些人丰富的想象力和蛮不讲理的霸道作派。谓予不信，请看下列事例。

首先看看近代民主革命家、国学大师章太炎（1869—1936）。他名“炳麟”，号“太炎”，曾任孙中山的顾问，与于右任是挚友。鲁迅在《关于太炎先生二三事》一文中对他作了这样的概括：“考其生平，以大勋章作扇坠，临总统府之门，大诟袁世凯的包藏祸心者，并世无第二人；七被追捕，三入牢狱，而革命之志，终不屈挠者，并世亦无第二人：这才是先哲的精神，后生的楷范。”窃国大盗袁世凯之所以对章太炎恨之入骨，正是由于他可贵的民主气节和革命精神以及大闹总统府、大骂袁世凯、反对袁世凯称帝的行为。在监禁章太炎的过程中，袁世凯指示他的爪牙反咬一口，说章太炎反对袁世凯称帝是假，自己想当皇帝是真，要不然为什么叫“太炎”呢？炎者，热也；太炎者，太热也；太热者，太阳也。说什么“太炎”就是太阳，有做太阳之野心，是有做皇帝之野心也。真是奇怪的逻辑，一派胡言！

现代作家蒋光慈（1901—1931），安徽六安人，著作有《短裤党》《咆哮了的土地》《最后的微笑》等。他1921年进入苏联莫斯科东方劳动者共产主义大学学习，从十月革命的胜利看到人类的希望，决心用自己的热血去染红革命的旗帜，做一个革命的先行者。因为红色象征革命，他就取名“蒋光赤”。他创作的描写上海工人第三次武装起义的小说《短裤党》出版后，遭到敌人咒骂：“什么蒋光赤……我想他一定是个暴徒，你们想他的名字就稀奇，什么名字不取，偏偏用‘光赤’两字。”所以他以“蒋光赤”署名的著作就被禁止出版。书店不得已，只好更换作者署名页，用蒋光慈或其他名字出版。

著名诗人、编辑家牛汉（1923—2013），山西定襄人。本名史承汉，后改为史成汉，又名牛汉。解放前因从事学生运动被捕入狱。1955年，他被打成“胡风分子”，又被逮捕入狱。

因为牛汉早年用过笔名“谷风”，为了给这第一个被捕的“胡风分子”罗织罪名，有人在报纸上发表文章批判他，说从“谷风”这个名字看，他就是“胡风的走卒”无疑。“谷风”就是从“谷非”而来的，因为胡风用过“谷非”的笔名。联想可谓丰富。事实是：牛汉是 20 世纪 40 年代初才与胡风有联系的，“谷风”一名取于认识胡风之前。1939 年，牛汉在甘肃东部甘谷一所收容战时流亡学生的初级中学教书。这里地处峡谷，山风特大，他触景生情，就用“谷风”作为笔名。他 40 年代的诗作大都用这个笔名。1947 年，他不愿再继续用“谷风”这个笔名，因为当时有几位作家也使用“谷风”这个笔名，他不愿和别人重名，就决定改名“牛汉”。所以，用与不用，都与胡风扯不上关系。之所以叫牛汉，是因为他母亲姓牛，再取他本名中的“汉”字。加之他身材高大魁梧，身高 1.9 米，学生时代同学们就叫他“大汉”，所以牛汉一名也符合他的外形与性格特征。他自己解释说，牛汉，就是像牛一样的大汉。

女作家白朗（1912—1994），辽宁沈阳人。本名刘东兰，1935 年到上海后，改用笔名“白朗”。白朗早年从事进步文艺活动，反满抗日；后去延安，与罗烽一起参加了延安文艺座谈会。白朗 50 年代被划成右派，赶出北京，在辽宁阜新煤矿劳动改造。“文革”中黑浪四起，摧残着法律和正义，白朗与罗烽被关进辽宁省委“学习班”，挨批、挨斗，受尽折磨。白朗出版的中篇小说《为了幸福的明天》被诬为大毒草。造反派厉声质问她：“为什么明天才幸福，今天不幸福吗？‘白’是反动的颜色，你为什么叫白朗？”白朗性格开朗、心地坦荡，对同志知无不言、言无不尽。她心中最美丽的图画就是艳阳高照、日丽风和的朗朗晴空。“白朗”正是她精神世界的真实写照，表达了作家的革命理想。所以她理直气壮地回答造反派：“白色纯洁，我喜欢白色。”当时哪有理可讲，于是她挨了打，从“学习班”升级被关进了“专政队”。

名字带来的灾祸

谁能想到，名字会给人带来灾难。名字不过是一个人在社会上的代号，不管是幼时父母所起，还是长大成人后自己所起，往往都有一定的含义，但这只有取名者本人最清楚。别人从字面上乱加解释，往往南辕北辙，牛头不对马嘴。“文革”中，有人竟然在别人的名字上大做文章，想当然地乱加解释，定人罪名。我们现在就来看一看“文革”中曾经发生过的一些令人匪夷所思的荒唐事。

中国共产党早期领导人、文艺理论家瞿秋白（1899—1935）用过一百多个笔名、化名。“文革”中抓叛徒成风，不少老革命都被怀疑，连已故的瞿秋白也未能幸免。瞿秋白有一个笔名是“犬耕”。鲁迅问他：“你为什么用这个名字？”他说：“搞政治，我实在不会搞。我搞政治，就像狗耕田。”这一解释，茅盾也知道。本来瞿秋白的意思是担任中共中央总书记并不称职，好像狗耕田。他写的《多余的话》充满了悔恨和自责，坦陈自己对马克思主义一知半解，认为自己不适合担任一个政党的领导人，实在是一种历史的“误会”。这是一种谦虚大度的表现，“文革”中却被诬蔑为厌倦政治、革命意志不坚定，真是颠倒黑白！当时还流传一种说法，说鲁迅在《辱骂和恐吓决不是战斗》一文中批评的《汉奸的供状》的作者“芸生”也是瞿秋白的笔名。那时一些老人还都健在，“芸生”是谁并不难查清楚。真是“墙倒众人推”，本来与瞿秋白不沾边的事，却要瞿秋白承担责任。实际上，“芸生”是一个叫作邱九如（又名丘九）的浙江宁波人。当时把瞿秋白当作叛徒，遭“掘墓鞭尸”，一切罪名都往他身上栽，真是岂有此理！

现代剧作家、电影戏剧评论家舒湮（1914—1999），原名冒效庸，字孝容，出身于名门望族、书香门第，是20世纪三四十年代著名的影剧评论家和剧作家，一直从事进步的文艺活动，为避免日伪的注意，不得不改名和敌人周旋。所以他在1939年发表剧本《精忠报国》、1940年发表独幕剧《风波亭》时用了新的笔名“江上青”。“文革”中江青春风得意、颐指气使、不可一世。舒湮被斗就是由于他的笔名江上青“大逆不道”，有犯“女皇圣讳”，妄图站在“旗手”之上。这还了得！今天谈起来仍令人哭笑不得，觉得是件逸闻。当时手握大权的“旗手”和她的爪牙却可以以莫须有的罪名置人于死地！

著名儿童教育家、儿童故事专家孙敬修（1901—1990）“数十年为少年儿童讲故事，成绩卓著”，被广大少年儿童亲切地称为“故事爷爷”。“十年浩劫”中，孙敬修无端受到迫害，造反派想当然地对他的名字“敬修”二字望文生义，乱加解释，斥为敬仰修正主义，强迫他改为“孙灭修”。其实孙敬修的名字取自《礼记·学记》“敬孙务时敏，厥修乃来”，意思是只有勤奋专一，学问才能长进。《礼记》成书于两千多年前的西汉，所以“敬修”二字出现时，修正主义的老祖宗还没有诞生，“敬修”和“修正主义”根本是风马牛不相及。再说，“修”难道只代表修正主义吗？简直是无知！在不讲理的年代有什么理可讲？反正是要整你，什么借口都可以，根本不容分辩。

杨绛在一篇文章中说：“如果一场运动要涉世未深的学生推动，把祖国的未来推到斗争的前沿，这本来就是不恰当的事。因为学生拥有热情，但同样容易被利用。这应该是成年人的事。”“文革”中那些不懂事的年轻学生在一些人的怂恿下干了不少坏事，破坏性是相当大的。这里面有哪些应当总结的事，有哪些该吸取的教训，值得我们深思。

错名让人啼笑皆非

汉字是由点、横、竖、撇、折等笔画组成，稍有不慎，就会成为另外一个字，用在人名上就成为另外一个人；用在行文上，意思就可能大相径庭。不管是粗枝大叶所致，还是懒惰造成（不问别人，也不查字典），读错、写错名字的现象时有发生。名字千万不能错，这是对的。但什么可以错呢？其实在文章中字也不能错。譬如，“用”刀杀人和“甩”刀杀人，“用”“甩”两个字只是稍有差别，一旦用在判决书中就事关重大，甚至人命关天。所以不管在人名还是在行文中，如果有人粗心大意，或是图省事搞错，往往令人啼笑皆非。

文学翻译家马振骋生于 1934 年，1957 年毕业于南京大学外文系。他翻译了二三十种作品，但他的名字常闹笑话。他姓“马”，“振”字是排行，“骋”是“驰骋”的“骋”（chěng）。他这个名字是上过私塾的父亲给取的，姓与名字连读起来，意思也挺好，但是“骋”经常被读成“聘请”的“聘”字。所以，他说：“这不是我要用的，是人家改的。”他还风趣地说：“听到叫‘马振聘’我就答应……久而久之，我自己也弄不清我是‘马振骋’还是‘马振聘’。”更有意思的是，他翻译的法国作家萨巴蒂埃的作品《瑞典火柴》在上海译文出版社出版，封面印得非常漂亮，扉页译者姓名却印为“马振聘”。还有一次，《作家文摘》上刊登了一篇褒扬他的文章《马振聘的敬业精神》，有一位朋友看到就跟马振骋说：“看到‘马振聘’，我就知道是你。”——真是见怪不怪了！

文学翻译家、画家高莽1926年生于黑龙江哈尔滨，曾任《世界文学》杂志主编。他有十多个笔名，常用名字是高莽。有一次《苏联文学》杂志的记者采访他，采访记者发表文章时把他的名字印成了“高葬”。编辑部发现后向高莽道歉，怕登载勘误反而造成更坏的影响，不知该怎么办，于是就征求他的意见，看如何处理。高莽爽快地说：“不用更正，我写篇文章，用‘高葬’作笔名就是了。”后来他真写了一篇杂文《我死了》给天津的《今晚报》，用的笔名就是“高葬”。这篇杂文还得了奖。难得高莽如此大度，木已成舟，他也只好将错就错吧。他无可奈何地说：“我一生中只有这个笔名不是我自己起的。”

20世纪30年代《前哨》出版时，将“柔石”错排成“桑石”，“冯铿”错排成“冯鉴”（见周楞伽《伤逝与谈往》一书《回忆谢澹如同志》）。固然，当时也有一些客观的困难和具体情况，发现后只能加一张勘误表，但这种现象总是不好的。

1945年、1946年间，上海《周报》第二十期发表诗人袁水拍的诗《停战令下》，封面作者署名和正文署名一为“袁水拍”，一为“袁水柏”。不熟悉文学界情况的作者就会发出“两个署名不一样，到底哪个正确”的疑问。从客观上说，“袁水柏”等于是派给袁水拍的一个名字。

最近看到李仲凯编著的《文坛传奇》（太白文艺出版社2005年出版）一书中有《京腔京韵写北京——邓友梅与金受申的文字缘》一文，在该书第40页有一段话：“解放区来的，如李伯钊、越树理、马烽等……”显然这个“越树理”是将著名作家赵树理的“赵”字误排为“越”字了。

另外还有一件事。《海滨故人庐隐》（人民文学出版社2001年出版）收有《黄庐隐》一文，作者署名“黄英（阿英）”，这种形式鲜见。这是什么意思呢？这篇文章节选自1938年8月北新书局出版的《现代中国女作家》一书。这本书是阿英编著的，排版后送审，国民党当局检挖甚多，以原署名出版就不会获得通过。北新书局只好将署名改为“黄英”。书局也有自己的苦衷，为书籍的出版也是煞费苦心，不得不另换署名。不知是一时疏忽，还是有其他什么原因，书局没有征求作者本人的意见。书籍出版后阿英很不高兴，这是因为《现代中国女作家》一书所论第一人就是作家庐隐，而“黄英”又是庐隐的另一个名字。署名“黄英”就会让人们以为庐隐在用黄英的名字编著的书中论述自己，且是第一名，这不是“王婆卖瓜，自卖自夸”吗？而现在出版的《海滨故人庐隐》中的《黄庐隐》一文，正是节录《现代中国女作家》中论述庐隐的部分。因为原书署名黄英，只好照录，但作者实际是阿英。为让读者明了，所以也署上“阿英”，并用括号括起。一个署名牵涉出曲曲折折的这些事，恐怕不是一般人能够了解的。

这里再说句题外话。取名尽量取常用字，最好不要用生僻字、多音字和听起来会发生误会的字，免得人们不认识时叫成“王啥啥”“李啥啥”。当然从另一方面来说，遇到人的姓名，应该细心，认准、说准、写准。如果当时没有查字典的条件，尽量“不耻下问”，不知你以为如何？

到死没有用本名

名字是每一个人在社会上的代号，如影随形，不可或缺。每个人用自己的姓名似乎是理所当然的小事一桩，但是在特定环境下却不是小事。用名字的不自由、不顺利、不由己，也折射出当时的环境和本人的境遇。

无产阶级革命文学的倡导者蒋光慈（1901—1931），安徽六安人。早年参加学生运动，化名蒋侠僧；20 年代后期在上海从事革命活动，又化名陈资川（因母亲姓陈）；在《皖江日报》等发表文章用笔名蒋光赤。1921 年去苏联时改名蒋光慈，笔名仍用蒋光赤。这是他经常用的笔名，一直用到“四一二”蒋介石叛变革命。因当局嫉恨红色，他的笔名中有“赤”字，

“赤”者，“红”也，署名“蒋光赤”的著作就通不过审查。后来书店征得他本人同意，将署名改为蒋光慈才勉强得以出版发行。可叹的是，他病中在上海住院，用的是化名“陈资川”；遗体存于上海公墓，用的名字是“蒋资川”，墓穴号777。直到1953年迁葬虹桥公墓时名字才改为“蒋光慈”，也就是说死后22年他才用了自己的本名。

左翼作家柔石（1902—1931），浙江宁海人，本名赵平福。柔石牺牲后，商务印书馆出版他生前翻译的高尔基的《阿尔泰莫诺夫氏之事业》，出于谨慎，商务印书馆将书名改为《颓废》，译者署名为“赵璜”。已长眠于地下的柔石怎么会知道自己还有一个“赵璜”的笔名呢！

著名剧作家、人民艺术家、《义勇军进行曲》（国歌）词作者田汉（1898—1968），在“文革”中受到迫害，以“李伍”的名字住进北京某医院。他身患多种疾病，仍受到非人的虐待。1968年12月10日，田汉因医治无效而去世。“四人帮”被粉碎后，被颠倒的历史才又被颠倒过来。1979年4月20日，在田汉的骨灰安放仪式上，他的生前好友林默涵将一本精装话剧剧本《关汉卿》、一张《义勇军进行曲》唱片、一副眼镜和一支自来水笔放在骨灰盒里。“田汉”的名字永存于中国戏剧、电影史里。

著名女星、散文作家王莹（1913—1974），一生坎坷，幼年丧母，受尽磨难，曾替共产党传递情报受到追捕，后去美国。回国后，王莹在“文革”中受江青及其爪牙的迫害而死，死亡证上连姓名也没有，只有一个囚徒编号——“6742”。

从周树人到鲁迅

鲁迅是伟大的文学家,他的思想和著作影响了中国几代人。不管人们怎么认识他、议论他，他都是一个绕不过去的客观存在。在现代中国，作为一个作家，做到如此家喻户晓、妇孺皆知，鲁迅恐怕是首屈一指的。

“鲁迅”并不是他的原名，不少人都知道他的本名叫周树人。他 1881 年 9 月 25 日出生于浙江绍兴一个没落的士大夫家庭，1936 年 10 月 19 日在上海逝世，终年 56 岁。他的祖父周介孚（1838—1904）做过翰林院庶吉士；父亲周伯宜（1861—1896）是一个不得志的读书人；母亲鲁瑞（1858—1943）没上过学，通过自修，能看书识字。“周树人”一名是在南京上学时才取的。在取此名之前，他还有几个名字。鲁迅出生时，祖父正在北京做官。他接到长孙出生的家信时，适逢内阁学士张之洞来访，他便用张之洞的姓为鲁迅取小名“阿张”，后又用“张”的同音字取大名“樟寿”，号“豫山”。在家里，大家都按当地的习惯称他为“阿樟”或“樟官”。父亲怕他夭折，便带他到家乡的长庆寺拜住持龙师父为师，和尚为他取法名“长庚”。他有时也用这一名字作为笔名。

在鲁迅 13 岁时，祖父因科场贿赂案被革职逮捕入狱，父亲又病倒了，真是雪上加霜。鲁迅家中“从小康人家”坠入困顿之中，艰难度日。因为无力交学费，18 岁的鲁迅“走异路，逃异地，去寻求别样的人们”，毅然进入水师学堂。他的本家叔祖周椒生虽然在学校任监督，可是满脑子旧观念，认为读书应试才是“正路”，后辈进学堂学水兵，有辱周家“名门望族”的声望，便叫鲁迅改名“周树人”，取“十年树木，百年树人”之意。这个名字意思不错，鲁迅从此就正式取名为周树人。之后，他的二弟櫆寿改名为周作人，三弟松寿改名为周建人。后来周作人成了北京大学教授、知名作家。周建人解放前在商务印书馆任编辑，又曾在几所大学任教，解放后曾任浙江省省长、全国人大常委会副委员长等职。

1918 年，周树人在钱玄同的鼓动下，在《新青年》第四卷第五号上发表了白话文小说《狂人日记》，第一次署名“鲁迅”。此后，他就常以“鲁迅”为名发表小说、杂文，积极投身于五四新文化运动。“鲁迅”的名字就像一颗灿烂的明星，升起在中国上空。

当时正在江西南昌的鲁迅的挚友许寿裳读到《狂人日记》，被深深地吸引和打动。他觉得这篇作品内容深刻，笔法冷峻洗练，很像周树人所写。一看署名，却是从未见过的“鲁迅”二字，感到茫然，于是给老友写信询问。鲁迅回信说确是“拙作”。不久，许寿裳回到北京，交谈中鲁迅又做了进一步说明：“因为《新青年》编辑者不愿意有别号一般的署名，我从前用过迅行的别号是你所知道的，所以临时命名如此。理由是：①母亲姓鲁；②周鲁是同姓之国；③取愚鲁而迅速之意。”

这三条，正是周树人取名鲁迅的原因：一是鲁迅历来孝敬母亲，取母亲的姓作为纪念。二是周、鲁在春秋时是同姓之国，鲁国开国君主是周公旦之子伯禽，两千多年前周、鲁曾是一家。三是表现鲁迅的自谦和战斗精神。“鲁”者，愚鲁之谓也；迅者，是迅速敏捷的意思。“鲁迅”二字包含了虽钝拙但却看准了立即就干的意蕴，表现了鲁迅坚韧的战斗精神。

许寿裳曾说：“因为鲁迅只是笔名，所以鲁迅不愿意别人把鲁迅上面再冠一个周字的。而且他自己的署名总是仍用树人，凡是给我的信署名都是如此。”在这里又想起一则趣事。1936 年鲁迅逝世后，西安的学生筹备 10 月 23 日召开纪念鲁迅逝世的大会，受到当局阻止。警察局头子马志超为劝阻学生上台讲话，假惺惺地以虔诚而尊敬的口气说：“兄弟对于鲁先生十二万分钦佩……今天同学要开会追悼鲁先生……”一个“鲁先生”，台下数千同学听见便哄然大笑起来。自称“十二万分钦佩”鲁迅的人，竟连鲁迅先生姓什么都不知道！学生们喊道：“连鲁迅先生姓什么都不知道，还谈什么钦佩鲁迅！”“马志超，超先生！”不学无术的党棍被搞得狼狈不堪、不知所措。

关于“鲁迅”这个名字，他本人在《〈阿Q正传〉的成因》中说道：“我所用的笔名也不只一个：LS，神飞，唐俟，某生者，雪之，风声；更以前还有：自树，索士，令飞，迅行。鲁迅就是承迅行而来的，因为那时的《新青年》编辑者不愿意有别号一般的署名。”《百家姓》上有“鲁韦昌马”句，“鲁”为姓，“鲁迅”也不像“别名”（假名），自然《新青年》编者也就不会有什么异议了。

以后由“鲁迅”二字，又演化成LS、L、迅、倪朔尔等笔名。“鲁迅”的英文译名Lusin缩写为L.S，又据L.S简化为“L”；鲁迅简写为“迅”。“倪朔尔”乃世界语译名，Lusin颠倒过来成Nisul，读若“倪朔尔”。

第一次署用“鲁迅”笔名的《狂人日记》引起了巨大反响。对他本人来说，这是他从事文学活动的第一声呐喊；从其社会意义来说，这是文学革命的第一声春雷。从此，“鲁迅”就作为中国现代文学奠基者的名字而载入史册。

丰富多彩的鲁迅笔名

鲁迅从 1918 年开始使用笔名，直到 1936 年逝世为止。这说明他从事文学活动的一生都是和笔名联系在一起的。鲁迅用过的笔名有一百多个，在作家中是少有的。所以说，鲁迅不仅署用笔名时间长，且数量繁多。这也说明鲁迅所处环境的复杂性和当时时代的特殊性。虽然“名者，实之宾也”，但它或多或少都反映出本人思想和精神的某些侧面。鲁迅也说过：“一个作者自取的别名，自然可以窥见他的思想。”（《南腔北调集·辱骂和恐吓决不是战斗》）这是有一定道理的。譬如，“唐俟”是鲁迅在教育部任职时的笔名，在蔡元培被迫辞职后，他的处境是困难的。许寿裳解释：“那时部里的长官某颇想挤掉鲁迅，他就安静地等着，所谓‘君子居易以俟命’也。把‘俟堂’两个字颠倒过来，堂和唐这两个字同声可以互易，于是成名曰‘唐俟’。周、鲁、唐又都是同姓之国也。”一个“唐俟”的名字，曲曲折折的有这么多讲究，可见笔名是不可简单看待的。当然也不是说每个笔名都大有来头，但不少笔名却往往有不少讲究。鲁迅是这样，其他作家有时也如此。

在这里，我们来看看鲁迅的笔名是怎样反映他的思想和精神的。限于篇幅，只作一简单梳理，蜻蜓点水式地加以介绍，但愿对读者能起一点参考作用。为了方便叙述，我们将鲁迅署用笔名的情况分为三个阶段进行考察。

第一阶段：主要指 1918 年以前，是鲁迅的青年和刚刚进入中年的时代。这一时期，鲁迅共用过十余个笔名。这些笔名基本出自本人意愿，多含有希望、自勉、探索的意思。1898 年的随笔《戛剑生杂记》和《莳花杂志》，以及 1900 年的《别诸弟》等用的名字是“戛剑生”。这是鲁迅用得最早的一个笔名，意思是说：“现在我要‘戛’的一声拔出剑来参加战斗了。”（周建人《回忆鲁迅》）1903 年署名是“索子”“索士”，前者是探索之子，后者是探索之士。两者都是探索的意思。探索什么呢？他要做到“我以我血荐轩辕”，就是要探索救国救民的途径和方法。1907 年署名用“令飞”，即勉励自己展翅飞翔。“迅行”是勉励自己迅速前进的。

第二阶段：主要指1918年至1926年之间，可以看作鲁迅的中年时代。鲁迅从苏联十月革命的胜利中看到了“新世纪的曙光”，以崭新的姿态，奋不顾身地投入了新的战斗。他以笔为武器，投身到五四新文化运动中。“鲁迅”这一名字逐渐广为人知。据统计，以后署用这一笔名发表的文章在五百篇以上。“鲁迅”一名也基本上代替了“周树人”成为他的常用名。他署用的“迅”“庚辰”“神飞”等，都表示了希望、奋起、自勉的意思。1921年发表《阿Q正传》所署的“巴人”取意于“‘下里巴人’，并不高雅的意思”（《华盖集续编补编·〈阿Q正传〉的成因》）。靠后的“某生者”“宴敖”“冥昭”则显露出讽刺和抗争的端倪。

第三阶段：指1927年到1936年，也是鲁迅的晚年时期。这一时期的特点是：①环境更加险恶，作品更加丰富，鲁迅自觉地以变化多样的笔名和黑暗势力、周围形形色色的人物进行抗争，笔名更加繁多和灵活。这一时期出版的《而已集》《三闲集》《二心集》《南腔北调集》《伪自由书》《花边文学》以及三集《且介亭杂文》占杂文总数的三分之二，署用了一百多个笔名，占他署用笔名总数的大部分，而且笔名伴随着环境的险恶、作品的丰富而不断变化。②作品的战斗性更加威猛，笔名的针对性更强。总的来说，这一时期表现的是反击和抗争，但从形式上说更加丰富多彩，含义更加宽广深刻。1928年的革命文学论争中，创造社、太阳社一些年轻同志以“左”的姿态，著文肆意漫骂鲁迅，将“封建余孽”“堂吉诃德”“没落者”等帽子扣向鲁迅。鲁迅将这些诬蔑简化或读音稍作变化，便成了“董季荷”“封余”“唐丰瑜”等笔名。在《申报·自由谈》上发表文章受到迫害，鲁迅就有意取名“何家干”“干”“何干”“家干”等，让对立面猜想这是“谁家干”的，以此进行挑战。1930年，国民党浙江省党部呈请南京政府通缉“堕落文人鲁迅”，鲁迅就用“隋洛文”及其衍化的“洛文”“乐贲”“乐雯”等笔名，表示对反动当局的蔑视和不屈服的决心。共产党的叛徒杨邨人诬蔑攻击鲁迅，鲁迅就以“一尊”和“敬一尊”署名，著文予以回击。③这时鲁迅的思想更加成熟，充满战斗的豪情和坚定的信念，对民众表现出深深的爱，对胜利展现出必胜信心。用“孺牛”为笔名，是他著名的诗句“俯首甘为孺子牛”的缩写；“苗挺”表示革命必胜的信念，坚信进步文艺幼苗一定会成长为茂林佳卉；“及锋”是及锋而试的意思；“晓角”是黎明前的号角，反映鲁迅最后还不忘记民众的热望和为破晓而呐喊的必胜信念。

这些新颖别致、多种多样的笔名是怎样来的呢？大体说来有下列五种类型：

其一，由原名、故里、住地、属相衍化而来。鲁迅原名周樟寿，后改名周树人，衍化成的笔名就有“自树”“周树”“风声”“树人”等。和尚为他取法名“长庚”，笔名就有谐音的“常庚”和衍变而来的“庚言”“庚”。鲁迅家乡绍兴简称“越”，涉及家乡的人和事的几篇杂文就取笔名“越侨”“越客”“越山”“越丁”等。晚年鲁迅住在上海半租界的地方，就取“租界”二字各半成“且介”一名。鲁迅属蛇，“它”系蛇的本字，就取名“它音”。

其二，借用论敌攻击的话稍作变化。除上面所说的“封余”“隋洛文”“洛文”外，还有“楮冠”“楮冠病叟”等。这源于狂妄的青年高长虹恩将仇报，攻击鲁迅“戴其纸糊的权威者的假冠入于身心交病之状况矣”，于是鲁迅就用这两个笔名进行回敬和反击。

其三，过去笔名的衍化和派生。“鲁迅”就是承原来的笔名“迅行”而来，其他如“敖者”“宴之敖者”“晏敖”“敖”“葛何德”“董季荷”“丰之余”“唐丰瑜”“丰瑜”“不堂”等。

其四，借用他人的名字。文言文小说《怀旧》用的“周逴”和后来用的“启明”，用的就是二弟周作人的名字。1912 年发表《辛亥游录》时署“会稽周建人乔峰”，“乔峰”是三弟周建人的字。1928 年 12 月翻译藏原惟人《访革命后的托尔斯泰故乡记》署的是许广平的小名“许霞”，他还用过由这一名字变化而来的“许遐”。

其五，用单位或职务署名。鲁迅署用过“中国教育社”“编纂者”“译者”“编辑者”“旅沪记者”“译文社同人”等。这些严格说来不算笔名，但当署名使用，附带也就提一笔。

1934年5月15日，鲁迅在致杨霁云的信中说：“集一部《围剿十年》，加以考证：一、作者的真实名和变化史；二、其文章的策略和用意……等，大约于后来的读者，也许不无益处。”

在这里，我们也将鲁迅的名号和笔名作一简单罗列，以便大家一目了然。

1. 名号

幼名：阿张、长树

法名：长庚、长根

学名：周樟寿、周树人

字：豫山、豫亭、豫才

号：庚辰

别号：俟堂、文章误我、戎马书生、会稽山下之平民、日出国中之游子、闲人

化名：周裕斋、周松涛

2. 笔名

1898年：戛剑生

1902年：树人

1903年：庚辰、自树、索子、索士、之江索士

1907年：令飞、迅行、周逴

1910年：树

1912年：黄棘、周豫才

1913年：周树

1918年：鲁迅、唐俟、俟迅、神飞、庚言

1919年：凡

1921年：风声、尊古、巴人

1922年：某生者、小孩子

1923年：雪之、同人

1924年：敖者、宴之敖者

1925年：LS、冥昭、杜斐、野火

1927年：楮冠、楮冠病叟、华约瑟、中拉

1928年：葛何德、董季荷、封余、许霞

1929年：EL、ELEF、许遐

1930年：L、隋洛文

1931年：令斐、豫、唐丰瑜、冬华、宴敖、乐贲、它音、佩韦、阿二、丰瑜、明瑟、不堂、洛文、Lusin

1932年：白舌、遐观

1933年：何家干、罗怃、动轩、周动轩、飞、干、何干、孺牛、丁萌、游光、丰之余、苇索、旅隼、越客、桃椎、虞明、幹、家干、荀继、史癖、尤刚、符灵、余铭、元艮、子明、白在宣、敬一尊、一尊

1934 年：张承禄、赵令仪、倪朔尔、栾廷石、张禄如、邓当世、宓子章、翁隼、孟弧、韦士繇、士繇、黄凯音、崇巽、常庚、燕客、白道、梦文、曼雪、公汗、霍冲、杜德凯、莫联、中头、中贲、康伯度、朔尔、焉于、茹莼、华圉、越侨、张沛、仲度、直、苗挺、及锋、隼、直入、乐雯、阿法、且介、石介、名知

1935 年：庚、敖、越山、康郁、洛、姜珂、越丁、旁、名心印

1936 年：齐物论、乐文、周玉才、晓角、πусин、关清道（时间不详）

3. 准笔名

中国教育社、纂述者、编纂者、译者、编辑者、旅沪一记者、编者、旅沪记者、记者、奔流社同人、朝花社、朝花社同人、铁木艺术社、译文社同人

4. 借用笔名

周作人、启明、周乔峰

与鲁迅有关的笔名

鲁迅是现代中国的灵魂医师，他的精神为人所崇敬，人格为人所敬仰。郁达夫（1896—1945）甚至说过这样的话：“没有伟大的人物出现的民族，是世界上最可怜的生物之群；有了伟大的人物，而不知拥护、爱戴、崇仰的国家，是没有希望的奴隶之邦。”（《怀鲁迅》）他的话振聋发聩。有不少的人明显地或隐隐约约地受到鲁迅的影响。有的人的名字直接或间接地因鲁迅而取，或是与鲁迅有关。也有人在鲁迅逝世后，从鲁迅的诸多笔名中选取一个用作自己的笔名。这也从一个侧面反映了鲁迅魅力之大和影响之巨。

文学研究会会员、现代作家王鲁彦（1901—1944），原名王衡，曾在北京大学旁听过鲁迅讲授的中国小说史。他是师承鲁迅的一位乡土文学作家。他曾深情地回忆说，是鲁迅在创作上给他指了“一条宽阔无边的大道”（王鲁彦《活在人类的心里》）。王鲁彦的译作《敏捷的译者》发表于《莽原》周刊第八期，鲁迅在“附记”中将这位二十多岁的文学青年亲切而幽默地称作“‘吾家’彦弟”。王鲁彦听到鲁迅称赞他的作品的话时，喜出望外，他约台静农（1903—1990）一起去拜访鲁迅，以后便有了频繁的来往。这位“彦弟”在创作上受鲁迅影响很大，当时的一些评论直接就把他称作“鲁迅派”作家。他十分敬佩鲁迅的人格。两人都是浙江人，所以他对鲁迅作品中的风土人情有着更深刻的理解。他崇敬鲁迅，创作师法鲁迅，就取“鲁彦”作为常用笔名，后又冠上姓成“王鲁彦”，成为他正式的名字。

鲁迅在《晨报副刊》上发表小说《阿Q正传》，署名“巴人”，取自“下里巴人”，自谦“并不高雅”的意思。“下里巴人”一般指通俗的文学艺术，常与“阳春白雪”对举。《阿Q正传》以下层劳动人民为描写对象，作者署用“巴人”之名也是很贴切的。“鲁迅”一名出名后，“巴人”基本搁置不用。王任叔（1901—1972）是鲁迅的私淑弟子，非常景仰鲁迅，立志继承鲁迅的战斗传统，学习鲁迅，研究鲁迅。在鲁迅逝世三年后，他借用“巴人”这一名字作为自己的笔名。他在《鲁迅风》的

"发刊词"中写道："我们为文艺学徒，总觉得鲁迅先生是文坛的宗匠，处处值得我们取法。"他对《阿Q正传》尤为推崇，认为"它是将中国人的心脏，血淋淋的给挖出来了"(《边风录·鲁迅先生的眼力》)。也许他认为鲁迅已经去世，借用鲁迅用过的名字表示要把鲁迅的薪火传下来。使人想不到的是，他用了这一笔名后，却遭到上海一帮无聊文人的咒骂，甚至有人在"巴人"名字前冠上他本来的姓"王"字，写作"王巴人"，意为"王八人"，对他进行污辱，但他仍我行我素，不予理睬。40年代到南洋后，他仍常用"巴人"作为笔名发表文章，没想到有人从菲律宾写信给王任叔，要他向大众交代为什么要剽窃鲁迅的笔名。王任叔并不因为被人指责、辱骂而中止使用这个笔名。他也是笔名众多的一位作家，各种笔名有一百多个，但他就是爱用"巴人"这个名字。"巴人"这一笔名他用得最多，时间也最长。解放后，他搁置了其他笔名，索性就以"巴人"为唯一笔名，一直使用着。鲁迅已经逝世，他接过鲁迅这个名字，可见他爱戴鲁迅之深！

无独有偶，使用鲁迅曾用过的笔名的还有一个人，就是文化名人黄裳（1919—2012）。他用过鲁迅的笔名"赵令仪"。鲁迅1934年1月12日在《申报》副刊发表的《女人未必多说谎》，以及1935年5月20日在《太白》半月刊第2卷第5期发表的《论"人言可畏"》，都署用"赵令仪"这一笔名。20世纪40年代，黄裳发表的《读书日记》就是模仿鲁迅的《马上日记》写的，署名“赵令仪”。50年代黄裳在《新民晚报》开辟“三改随笔”专栏，所写的论剧随笔《乔玄的问题》《关于〈一丈青扈三娘〉的处理》等，也署名“赵令仪”。黄裳在鲁迅逝世后也用了鲁迅的曾用笔名，从这一细微处可以看出黄裳“敬重的是鲁迅”，表明了“继续走鲁迅的路”（《继续走鲁迅的路》）的决心。

至于与鲁迅有关的笔名就更多了，下面仅举数例。

邹鲁风（1910—1959），原名邹素寒，化名陈蜕。曾就读于北平的东北大学。1935年，姚依林（1917—1994）委派他去上海给地下党送一个重要文件，姚依林找到曹靖华（1897—1987），曹靖华又给鲁迅写了介绍信，经鲁迅奔走，终于将那份文件交给宋庆龄（1893—1981），再由她转给了上海党组织。鲁迅不仅帮助陈蜕完成了任务，还送给陈蜕一批不易买到的进步书籍和五十块大洋。陈蜕非常感激和仰慕鲁迅先生，并为鲁迅先生的革命精神和高尚风格深深感染，因而改名“鲁风”。他在解放后担任过东北人民政府教育部副部长，中国人民大学副书记、副校长和北京大学副校长。

现代女作家董速（1918—1994），本名董雪衡。抗日战争爆发后加入中国共产党，从1938年起在八路军三五九旅从事新闻、宣传工作。在紧张的战斗中，她将名字改为“董速”。这“速”字既有勉励自己迅速进步成长的意思，又有以鲁迅为榜样，做鲁迅的学生，把“迅”和“速”连起来的愿望。解放后她曾担任过中共吉林省委宣传部部长、省文联主席。

现代作家罗烽（1909—1991），本名傅乃琦，曾用笔名“罗迅”。他是把鲁迅当作自己的文学导师，既学他的文风，也学他的人品。取名“罗迅”，就是要像鲁迅那样，在复杂环境中，以坚韧的战斗精神，同各种敌人进行斗争。

现代诗人罗飞，生于1925年，本名杭行。笔名“罗飞”取自鲁迅《秋夜有感》诗的首句“绮罗幕后送飞光”，这其中隐藏着他的姓“罗”，“飞”取意壮志凌云。

诗人、儿童文学作家鲁兵，生于1924年，原名严光化，曾用名严若冰。1946年在浙江大学学习，对木刻产生浓厚兴趣，考虑到鲁迅是木刻艺术的倡导者，就将自己的名字严若冰改为“鲁兵”，以表示自己是“鲁迅麾下一小兵”，以后发表文章常用这个笔名。1949年9月参加革命后，“鲁兵”成了他正式的名字。

著名书法家、第一本《野草》研究专著《鲁迅〈野草〉探索》的作者卫俊秀（1909—2002），曾取笔名“景鲁”“若鲁”，明眼人一看就知道是“景仰鲁迅”“学习鲁迅”的意思。

鲁迅替人取的笔名

鲁迅学贯中西，博古通今，熟悉历史掌故，不仅为自己取了含义深刻的诸多笔名，还替周围的亲朋好友取过名字。

先说许寿裳（1883—1948）吧。许寿裳字季黻，或作季茀，号上遂。他和鲁迅交往时间最长，关系最为密切，是友谊最为深厚的朋友。他们彼此坦诚相待，知无不言，情同手足。两人志同道合，在一起时形影不离，分开时书信往还不断。自1902年在日本弘文学院开始，这两个绍兴老乡互相帮助、互相关心、互相支持，与反动势力斗争时也共进退。鲁迅的剪辫照片赠给许寿裳，在照片背面题诗："灵台无计逃神矢，风雨如磐暗故园。寄意寒星荃不察，我以我血荐轩辕。"这既是鲁迅的誓言，也是对挚友的勉励。许寿裳在日本求学时，有次写了一篇文章，想不出用何笔名，后经鲁迅提示，用了“旒其”二字。因为鲁迅当时正在学俄文，而“旒其”乃是俄文 люди（人们）的音译。从这里可以窥见鲁迅代人民立言的思想，也正与“我以我血荐轩辕”的意思相吻合。

鲁迅在 1934 年 12 月写的《病后杂谈》中说：“明末清初的野史，时代较近，看起来也许较有趣味。第一本拿在手里的是《蜀碧》。这是蜀宾从成都带来送我的，还有一部《蜀龟鉴》，都是讲张献忠祸蜀的书……”这位“蜀宾”是谁呢？就是当时的文学青年许钦文（1897—1984），“蜀宾”还是鲁迅代他取的一个笔名。1932 年，许钦文以莫须有的罪名被关进杭州陆军监狱。在狱中，他写了一篇反映四川内战情况的小说《神经病》，托人带出交给他的弟弟，再由他的弟弟转交鲁迅。鉴于许钦文尚在狱中，不便以原来的笔名绳尧、钦文、木子等署名，于是就由鲁迅代起了一个“蜀宾”，把它介绍给《文学》月刊。《神经病》以四川为背景，人物对话也模仿四川人的腔调。四川简称“蜀”，取名“蜀宾”，与小说内容相配合，更增加了作品的真实感。由此可见，鲁迅代人取名也是经过慎重思考、反复斟酌的。许钦文将作品交鲁迅推荐发表，是因为他们有十多年的交情，彼此信任。许钦文与鲁迅的相识是 1923 年由孙伏园的介绍而开始的，以后他们就有了频繁的交往。为了造就文学人才，鲁迅对许钦文给予积极的扶持。鲁迅写了《幸福的家庭》，副题是“拟许钦文”，发表于1924年的上海《妇女杂志》。发表时鲁迅还在附记中说，他看到许钦文君的《理想的伴侣》受到启发，就用了“他的笔法来写”，等于给许钦文做广告，使原来没有什么名气的青年作者名震一时，在上海打开了局面。此外，鲁迅还为许钦文选编了第一个短篇小说集《故乡》，编入他所主编的“乌合丛书”之中，由北新书局出版。许钦文含冤入狱，也是鲁迅托人营救的。由此可见鲁迅对文学青年关心、帮助和提携之一斑。难怪许钦文满怀深情地说：“鲁迅先生给我的温暖，好像是春天的和风，渐渐地，把我心底里的冰块吹烊了，也把我满脑子的忿懑吹散了……”（《砖塔胡同》）

鲁迅还教过许广平（1898—1968）怎样选用笔名。鲁迅是在女师大兼课时与许广平相识的。许广平爱听鲁迅的课，爱读鲁迅的文章，也很崇敬鲁迅的人品。1925年3月11日，许广平给鲁迅写第一封信，鲁迅当即复信，从此两人开始了频繁的通信。后来两人的通信被结集为《两地书》正式出版。他们在女师大风潮、“三一八”惨案、五卅运动中共同战斗，随着接触的增加、友谊的加深，两人产生了感情，以至相爱而结为夫妻。许广平作为鲁迅的助手和战友，以自我牺牲的精神在鲁迅身边协助鲁迅战斗和写作，并照顾鲁迅的生活。在十余年的岁月中，许广平与鲁迅甘苦与共，相濡以沫，对鲁迅的工作、思想和生活所起的作用是巨大的，是别人所不能代替的。鲁迅在《题〈芥子园画谱三集〉赠许广平》一诗中写道："十年携手共艰危，以沫相濡亦可哀；聊借画图怡倦眼，此中甘苦两心知。"这是他们夫妻二人志同道合、同甘共苦的生动写照。

当初许广平给鲁迅开始写信时，完全是以一个学生的身份向作为老师的鲁迅请教的。她有"许多怀疑而愤懑不平的"心中话，请老师给"一个真切的明白的指引"。正如鲁迅所说："我们通信之初，实在并未有什么关于后来的豫料的"（1934年12月6日致萧军、萧红的信）。1925年，许广平给《莽原》投去一篇《乱七八糟》的杂文稿件，曾想署名同学们为她取的诨号"西瓜皮"，觉得有趣，又想署名鲁迅对她的称呼"小鬼"，觉得新颖，但却举棋不定，"鱼与熊掌，自己实难于取舍"，请鲁迅定夺"随便写上一个可也"。鲁迅就此发了一通议论："那两个'鱼与熊掌'，虽并为足下所喜，但我以为用于论文，却不相宜，因为以真名招一种无聊的麻烦，固然不值得，但若假名太近于滑稽，则足以减少论文的重量，所以也不很好。……而且此后的文章，也应细心署名，不得以'因为忙中'推诿！"（《两地书》）最后鲁迅为许广平选了一个她用过的笔名"非心"，将文章发表在1925年5月8日出版的《莽原》第三期上。这个笔名虽不为鲁迅所取，但却是由鲁迅选定的。鲁迅对许广平发表的关于笔名的这些言论对我们还是很有启示作用的。

鲁迅常常把变换笔名作为保护自己、打击敌人的一种斗争策略。他将这一方法也介绍给初涉文坛的青年作者。他在1935年3月31日给萧军的信中就说:“此后的笔名,须用两个,一个用于《八月》之类的，一个用于卖稿换钱的，否则，《八月》印出后，倘为叭儿狗所知，则别的稿子即使并没有什么，也会被他们抽去，不能发表。”这确实是经验之谈。

鲁迅谈论笔名

鲁迅署用笔名之多，在作家中是少有的；他对笔名谈论之多，在作家之中也是不多见的。虽然他没有专门著文论述，但在文章和书信中却多次谈论到笔名。初一看是只言片语，零星散见；集中起来看，则谈到笔名的方方面面，颇为可观。现在，笔者就当一回“文抄公”，稍作梳理，用“掉书袋”的方式把鲁迅的有关论述集中给诸位展示一下，也许对我们会有启发。

为了方便，下面分几个方面加以介绍。

首先，我们看看鲁迅是怎样谈他的笔名的。当然，鲁迅用过的笔名甚多，他在文章和书信中也只是必要时顺便提及，并没有什么计划，也不是面面俱到，没谈到的也比较多。我们这里只介绍他谈到的。

关于“鲁迅”一名，在前文《从周树人到鲁迅》中已将它的来龙去脉作了比较详细的介绍，此处不再重复。除已经谈到的之外，他还有两次提到这一笔名：一是1921年9月5日致宫竹心的信。他写道：“鲁迅就是姓鲁名迅，不算甚奇。唐俟大约也是假名，和鲁迅相仿。然而《新青年》中别的单名还有，却大抵实有其人。《狂人日记》也是鲁迅作，此外还有《药》《孔乙已》等都在《新青年》中，这种杂志大抵看后随手散失，所以无从奉借，很抱歉。”再就是1925年5月26日作的《俄文译本〈阿Q正传〉序及著者自叙传略》中也谈道：“我在留学时候，只在杂志上登过几篇不好的文章。初做小说是一九一八年，因了我的朋友钱玄同的劝告，做来登在《新青年》上的。这时才用‘鲁迅’的笔名（Penname）；也常用别的名字做一点短论。”

其他谈到别的笔名的尚有多处。诸如：“因为不很有人知道鲁迅就是我。我所用的笔名也不只一个：LS，神飞，唐俟，某生者，雪之，风声；更以前还有：自树，索士，令飞，迅行。鲁迅就是承迅行而来的，因为那时的《新青年》编辑者不愿意有别号一般的署名。”（《〈阿Q正传〉的成因》）。1932年1月16日致增田涉信：“我的笔名是它音、阿二、佩韦、明瑟、白舌、遐观 etc.。”1932年6月18日致台静农信：“我在这几年中，作杂感也有几十篇，但大抵以别种笔名发表。……《北斗》上题‘长庚’者，实皆我作——现出版所尚未定，但倘甘于放弃版税，则出版是很容易的。”在 1933 年 7 月 19 日写的《伪自由书·前记》中说：“又因为我旧日的笔名有时不能通用，便改题了‘何家干’，有时也用‘干’或‘丁萌’。”在 1934 年 5 月 6 日致杨霁云信中谈道：“《浙江潮》中所用笔名，连自己也忘记了，只记得所作的东西，一篇是《说钼》（后来译为雷锭），一篇是《斯巴达之魂》（？）；还有《地底旅行》，也为我所译，虽说译，其实乃是改作，笔名是‘索子’，或‘索士’，但也许没有完。……现在都说我的第一篇小说是《狂人日记》，其实我的最初排了活字的东西，是一篇文言的短篇小说，登在《小说林》（？）上。那时恐怕还是革命之前，题目和笔名，都忘记了，内容是讲私塾里的事情的，后有恽铁樵的批语，还得了几本小说，算是奖品。那时还有一本《月界旅行》，也是我所编译，以三十元出售，改了别人的名字了。”在 1934 年 5 月 18 日致陶亢德信中道：“惠示谨悉，蒙设法询嘉业堂书买法，甚感。以敝‘指谬’拖为‘古香斋’尾巴，自无不可，但署名希改为‘中头’，倘嫌太俳，则‘準’亦可。”1934 年 6 月 18 日致台静农信说：“近见《新文学运动史》，附有作者之笔名，云我亦名‘吴谦’，似未确，又于广平下注云‘已故’，亦不确也。”1934 年 8 月 12 日致李小峰信："作者的署名，现在很有些人要求我用旧笔名，或者是没有什么大关系了。但我不明白底细，请兄酌定。改用唐俟亦可。"1934 年 8 月 14 日致黄源信："我想将《果戈理私观》后面译人的名和《后记》里的署名，都改作邓当世。因为检查诸公，虽若'并无成见'，其实是靠不住的，与其以一个署名，引起他们注意，（决定译文社中，必有我在内，）以致挑剔，使办事棘手，不如现在小心点的好。"在 1935 年 12 月 30 日《且介亭杂文·附记》中谈道："《门外文谈》是用了'华圉'的笔名，向《自由谈》投稿的，每天登一节。但不知道为什么，第一节被删去了末一行，第十节开头又被删去了二百余字，现仍补足，并用黑点为记。"他临终前不久，在 1936 年 8 月 28 日致黎烈文信中仍说："昨在《立此存照》上所写笔名，究嫌太熟，倘还来得及，乞改为'晓角'是荷。"鲁迅的最后一个笔名仍不忘对祖国即将破晓的热烈期待。

其次，我们看看鲁迅为什么这样使用笔名。1933 年 3 月 1 日，鲁迅在致日本友人山本初枝的信中说："每天闲着，加上讨厌的杂务也多，以致毫无成绩。不过，用化名写了不少对社会的批评。这些化名已被发现是我，正遭攻击，但亦听之。"1933 年 5 月 4 日致黎烈文信说："晚间曾寄寸函，夜里又做一篇，原想嬉皮笑脸，而仍剑拔弩张，倘不洗心，殊难革面，真是呜呼噫嘻，如何是好。换一笔名，图掩人目，恐亦无补。今姑且寄奉，可用与否，一听酌定，希万勿客气也。”1933 年 8 月 1 日致胡今虚信说：“你说我最近二三年来，沈声而且隐藏，这是不确的，事实也许正相反。不过环境和先前不同，我连改名发表文章，也还受吧儿的告密，倘不是‘不痛不痒，痛煞痒煞’的文章，我恐怕你也看不见的。” 1933 年 10 月 21 日致王熙之信说：“《自由谈》并非我所编辑，投稿是有的，诚然是用何家干之名，但现在此名又被压迫，在另用种种假名了。”在 1933 年 11 月 5 日致姚克信中说：“我们如常，《自由谈》上仍投稿，但非屡易笔名不可，要印起来，又可以有一本了，但恐无处出版，倘须删改，自己又不愿意，所以只得搁起来。”在 1934 年 3 月 10 日的《准风月谈·前记》中说：“从六月起的投稿，我就用种种的笔名了，一面固然为了省事，一面也省得有人骂读者们不管文字，只看作者的署名。然而这么一来，却又使一些看文字不用视觉，专靠嗅觉的‘文学家’疑神疑鬼，而他们的嗅觉又没有和全体一同进化，至于看到一个新的作家的名字，就疑心是我的化名，对我呜呜不已，有时简直连读者都被他们闹得莫明其妙了。现在就将当时所用的笔名，仍旧留在每篇之下，算是负着应负的责任。”1934 年 5 月 11 日致王志之信：“《文史》收到，其一已转交，里面的作者，杂乱得很，但大约也只能如此。像《文学季刊》上那样的文章，我可以写一篇，但，寄至何处？还有一层，是登出来时，倘用旧名，恐于《文史》无好处，现在是不管内容如何了……”在 1934 年 6 月 3 日致杨霁云信中说：“办起来的时候，我可以投稿，不过未必能每期都有。我的名字，也还是改换好，否则，无论文章的内容如何，一定立刻要出事情，于刊物未免不合算。”1934 年 10 月 16 日，在《准风月谈·后记》中写道：“这六十多篇杂文，是受了压迫之后，从去年六月起，另用各种的笔名，障住了编辑先生和检查老爷的眼睛，陆续在《自由谈》上发表的。”在 1934 年 10 月 31 日致刘炜明信中说：“这几年来，短评我还是常做，但时时改换署名，因为有一个时候，邮局只要看见我的名字便将刊物扣留，所以不能用。近来他们方法改变了，名字可用，但压迫书局，须将稿子先送审查，或不准登，或加删改，书局是营业的，只好照办。所以用了我旧名发表的，也不过是无关紧要的文章。”在 1934 年 11 月 28 日致刘炜明信中说：“近来虽也化名作文，但并不多，而且印出来时，常被检查官删削，弄得不成样子，不足观了。”在 1934 年 12 月 31 日致刘炜明信中说：“大约凡是主张改革的文章，现在几乎不能发表，甚至于还带累刊物。所以在日报上，我已经没有发表的地方。至于期刊，我给写稿的是《文学》，《太白》，《读书生活》，《漫画生活》等，有时用真名，有时用公汗，但这些刊物，就是常受压迫的刊物，能出到几期，很说不定的。……现在我如果用真名，那是不要紧的，他们只将文章大删一通，删得连骨子也没有……”

对于鲁迅取笔名的情形，作为目击者的许广平曾有生动的描述。她说：“实在他每一个笔名，都经过细细的时间在想。每每写完短评之后，靠在藤躺椅休息的时候，就在那里考量。想妥了，自己觉得有点满意，就会对就近的人谈一下，普通一些，写出来也就算了。”所以她又提醒我们：“我们要了解某一时代的思潮、某一时代的文学背景，和产生这文学的关系，研究这特殊的、作者幻化许多名字冀图表达其意见的苦衷，对将来从事文学的人们，或者不无裨益罢。”（《略谈鲁迅先生的笔名》）正因为这样，鲁迅告诫人们：“不过我总以为倘要论文，最好是顾及全篇，并且顾及作者的全人，以及他所处的社会状态，这才较为确凿。”（《且介亭杂文二集·“题未定”草（六至九）》）正因为这样，鲁迅说过：“一个作者自取的别名，自然可以窥见他的思想……”（《南腔北调集·辱骂和恐吓决不是战斗》）

最后，再看看鲁迅是怎样关注笔名的。笔名作为鲁迅遗产的一部分，已引起人们的关注和研究。那么鲁迅对笔名的关注，也应引起我们的重视。古人说的“一名之立，旬月踯躅”，是指遣词造句。对于署名，也应慎重对待。鲁迅在这方面就给我们做出了表率。他在《名字》一文中就说：“我看了几年杂志和报章，渐渐的造成一种古怪的积习了。这是什么呢？就是看文章先看署名。对于这署名，并非积极的专寻大人先生，而却在消极的这一方面。一，自称‘铁血’‘侠魂’‘古狂’‘怪侠’‘亚雄’之类的不看。二，自称‘鲽栖’‘鸳精’‘芳侬’‘花怜’‘秋瘦’‘春愁’之类的又不看。三，自命为‘一分子’，自谦为‘小百姓’，自鄙为‘一笑’之类的又不看。四，自号为‘愤世生’‘厌世主人’‘救世居士’之类的又不看。”他在1934年5月15日致杨霁云的信中说：“集一部《围剿十年》，加以考证：一、作者的真姓名和变化史；二、其文章的策略和用意……等，大约于后来的读者，也许不无益处。”这也是对我们有益的提示。

对于署用笔名遭受的非难，鲁迅则选择予以反击。北京女子师范大学教授、鲁迅留日的同学朱希祖在课堂上就讲过：“人们用假名是不负责任的推诿的表示。”真是站着说话不腰疼。鲁迅通过现象揭示本质，立即予以驳斥。他一针见血地指出：“诬陷毁谤个人之类，才可谓之‘不负责任的推诿的表示’，倘在人权尚无确实保障的时候，两面的众寡强弱，又极悬殊，则须又作别论才是。”鲁迅进一步明确表示：“我以为只要目的是正的……即可用无论什么手段，而况区区假名真名之小事也哉。”（1925年5月3日致许广平信）所以，他还将自己变换笔名以对付论敌的钻网术手段告诉青年作者。1935年3月31日，他在给萧军的信中说：“此后的笔名，须用两个，一个用于《八月》之类的，一个用于卖稿换钱的，否则，《八月》印出后，倘为叭儿狗所知，则别的稿子即使并没有什么，也会被他们抽去，不能发表。还有，现用的‘三郎’的笔名，我以为也得换一个才好，虽然您是那么的爱用他。因为上海原有一个李三郎，别人会以为是他所做，而且他也来打麻烦，要文学社登他的信，说明那一篇小说非他所作。声明不要紧，令人以为是他所作却不上算，所以必得将这姓李的撇清，要撇清，除了改一个笔名之外无好办法。”在1935年8月9日致黄源信中说：“俄罗童话要用我的旧笔名，自然可以的，因为我的改名，是为出版起见，和自己无关。出版者以用何名为便，都可以。”1935年12月29日在《花边文学·序言》中说：“我的常常写些短评，确是从投稿于《申报》的《自由谈》上开头的；集一九三三年之所作，就有了《伪自由书》和《准风月谈》两本。后来编辑者黎烈文先生真被挤轧得苦，到第二年，终于被挤出了，我本也可以就此搁笔，但为了赌气，却还是改些作法，换些笔名，托人抄写了去投稿，新任者不能细辨，依然常常登了出来。”由此可以看出鲁迅频繁变换笔名苦衷之一斑。

综上所述，可以看出鲁迅对笔名的关注。固然我们不应把笔名强调到不适当的高度，但我们也应当像鲁迅那样关注笔名、对待笔名。自然，作家笔名的变化这种“区区”“小事”，也应在研究者的视野之内。

二人共用笔名

几个人合作写文章，有将所有写作者的名字都署上的，也有另起一个名字作为共同笔名署上的。另起的这个名字，我们称作“合用笔名”。合用笔名，有两人合用的、三人合用的，还有多人共用的。现在我们先谈两人合用的笔名。

茅盾（1896—1981），本名沈雁冰。其胞弟沈泽民（1900—1933）1921年加入中国共产党早期组织，又加入文学研究会，曾任中共中央宣传部部长，一度代理中央分局书记。他的文学作品曾发表于《小说月报》等杂志。他们兄弟二人曾合用笔名冯虚、希真。茅盾也单独用过这两个笔名。

丁景唐，生于1920年，曾任上海文艺出版社社长兼总编辑。

他也是研究鲁迅、瞿秋白的学者。其女儿丁言昭，也从事研究和写作，他们父女两人曾合作撰写有关鲁迅研究方面的文章，署名“胡元亮”。丁景唐说，用此名，一则他的母亲姓“胡”，再则“胡元亮”是“父女俩”三字的谐音。

挺有意思的还有“达理”这个笔名。“达理”是谁呢？“达理”其实是两个人。它在文坛上出现时，是一对年轻夫妻共用的笔名。丈夫叫马达京，妻子叫陈愉庆。两个人都是北京大学中文系毕业的学生。马达京是蒙古族小伙，在“文化大革命”中由于对“四人帮”一伙的倒行逆施提出非议，而受到政治迫害。陈愉庆出于义愤，主动去抚慰受到伤害的马达京。二人在并肩战斗中建立了纯真的爱情。1972年，在马达京劳动改造的锅炉房，他们举行了简单的婚礼。同甘共苦的患难夫妻，合作自然融洽、默契。1978年，他们创作的第一篇小说《失去的爱情》发表，立即引起人们的关注，此后又创作了《路障》《除夕夜》，分别获得1981年和1983年全国优秀短篇小说奖。后来达理夫妻二人去了辽宁一个实业总公司，成为身份特殊的实业家。人们好奇地谈论着这对作家夫妇，称公司总经理马达京为“男达理”，称公司联合部部长陈愉庆为“女达理”。“群众是真正的英雄”，两人共用一个名字，又同在一个单位，人们低头不见抬头见，就这样轻而易举地解决了对他俩的称呼问题。

一家人合用笔名，当然方便，但合用笔名的并不尽是一家人。当然，能合用笔名，一定是熟悉的、比较亲近的人，倒是自不待言的。像俞平伯（1900—1990）、朱自清（1898—1948）两人就共署过笔名“O·M”。夏衍（1900—1995）与郑伯奇（1895—1979）两人合用笔名“席耐芳”，共同翻译了《电影导演论电影脚本论》，这当然是他们友谊的象征。

三人共用笔名

在合用笔名中，三人共同一个笔名的现象比较常见。下面举几个事例。

先说解放前。有三位女作家共用了一个笔名“嗽雪”，这三人是石评梅（1902—1928）、庐隐（1898—1934）、陆晶清（1907—1993）。她们三人年龄相仿，一同在北京上学，都经过五四运动的洗礼，又都是出名较早的才女作家。虽然她们各自都另有笔名，但合作写文章在《世界日报·蔷薇》上发表时，还是共同署了一个新的笔名“嗽雪”。20 世纪 30 年代，三位进步作家阿英（1900—1977）、郑伯奇（1895—1979）、夏衍（1900—1995）进入电影界，他们联合写了电影剧本《时代的儿女》，在《明星月报》上发表时，采用了“丁君吾”这个笔名。再就是民主进步人士邓初民（1889—1981）、马哲民（1899—1980）、黄松龄（1898—1972）三人在抗日战争前后合作写文章，宣传中国共产党的抗日救国方针和根据地的民主政治，揭露当局的黑暗统治，在当时很有影响。他们署的笔名就是取三个人的姓组成“邓马黄”。

解放后人们普遍知道的有马铁丁、吴南星、于兆力等。“吴南星”一名是吴晗、邓拓、廖沫沙三人共用，现在先按下不表，将在《“三家村”是谁》一文中详谈。下面谈谈马铁丁和于兆力。

马铁丁是解放初比较活跃的杂文作者。刚刚解放，人们对新社会还不够了解。1950年在汉口出版的《长江日报》副刊上，几乎每天都有署名“马铁丁”的一篇千字“思想杂谈”。所谓“思想杂谈”，就是为了让读者了解新社会，就国际形势、时政新闻等进行宣传教育。文章短小、集中、亲切，针对性强，生动活泼，雅俗共赏，联系实际，深受读者欢迎。“马铁丁”何许人也？这是陈笑雨（1917—1966）、张铁夫（1922—2006）、郭小川（1919—1976）三人合用的一个笔名。取陈笑雨曾用笔名“司马龙”的“马”字、张铁夫名字中的“铁”字、郭小川曾用笔名“丁云”中的“丁”字，组成“马铁丁”一名。三人写稿没有严格分工，谁对什么问题感兴趣谁就写什么。一般说来，张铁夫偏重农业，郭小川、陈笑雨侧重于文教、文艺方面。

1952 年陈笑雨调北京新华社，“马铁丁”三人合作基本结束。不过陈笑雨在主编《新观察》时还用“马铁丁”一名。三人合作基本结束后，“马铁丁”的影响并未消失，从 1952 年起出版过不少《思想杂谈》的小册子。1956 年作家出版社还出版过《思想杂谈选集》等。这三个人解放战争时随军南下，陈笑雨是新华社中南总社副社长，张铁夫是《长江日报》副总编，郭小川是中南局宣传部宣传处长。三人都是搞宣传工作的，他们把宣传党的方针、政策、国内外形势作为责无旁贷的任务，谁也没想到马铁丁的杂文在“文革”中却惨遭批判，陈笑雨被迫自尽，郭小川也死于“文革”的摧残迫害，只有张铁夫活得较长一些。

再说于兆力。这是乔冠华（1913—1983）、姚溱（1921—1966）、王力（1921—1996）三人合用的笔名，因 1958 年《红旗》杂志以此笔名发表首篇国际评论而受到人们关注。乔冠华解放后一直在外交战线工作，后来任外交部长。姚溱曾担任过中宣部副部长。王力当时任《红旗》杂志副主编，“文革”中曾红极一时。他与语言学家、北京大学教授王力是同名不同人。取乔冠华笔名于潮中的“于”字、姚溱姓的半边“兆”字，加上王力的“力”字，组成“于兆力”一名。三人都是党内有名的“笔杆子”。这一笔名后来为王力一人所用。

多人共用笔名

众多的人共用一个笔名也可以称为“集体笔名”。那么几个人合用一个笔名算作集体笔名呢？这也没有具体规定。三人为众，此处我们将三人以上合用的笔名称作“集体笔名”。集体笔名中，有的是一个单位的写作组用的名字，也有几个人合用的一个名字。单位写作组的集体笔名可以是官方的或半官方的。合用集体笔名的个人往往自由结合为一个小集体。

过去几个人合作写文章，署名时往往将所有参加者的名字一一都署上。有时不署个人名字，则在单位名称后加上“写作组”字样，成“××××写作组”。此后却流行起另起一个酷似人名的名字（习惯上的姓加上名字），作为写作组的代称。

所取名字常常含有符合当前形势的意思。这样，不明底细的读者往往认为是一个人。这是为什么呢？是为了简便，还是为免去名字排列先后次序太绞尽脑汁（或引起矛盾）？……作为局外人，我们不得而知。

集体笔名究竟开始于何时，准确时间说不清。大体说来，这一现象主要出现在解放后。“文革”前就有，“文革”时期更为流行，“文革”后逐渐减少。

“文革”之前，最出名的集体笔名是“龚同文”。“龚同文”是以省委书记王任重为首的湖北省委写作组。“龚同文”谐音共同文，即集体写作的意思。它主要是为配合党的中心工作而进行写作，从1955年开始，针对农业化中的所谓右倾思想和农业生产中的右倾保守思想进行斗争，在当时很有影响。由于它紧跟形势，所以时代烙印很深。1959年由湖北人民出版社出版了《龚同文短论选》一书。

还有一个“马文兵”,也很受人关注。它是在“文艺界总司令”周扬授意下，由中国科学院哲学社会科学部文研所与中国人民大学合办的文学理论研究班的集体笔名。这个班1959年开办，1963年结业。他们以“马文兵”的名义撰写了不少配合形势的文章，在全国产生了一定影响，不少文章常被一些报刊转载。此后据知情人说，由于经济困难，吃不饱肚子，没有力气，提不起精神，加之文化界的“反修”热潮和大批判也随之降温，

"马文兵"的活动也逐渐停止。

其他还有：60年代《文汇报》文艺部用"闻亦步"，是"文艺部"三字的谐音。某大学中文系写作组先后用"文四野""阎文野""晋钧浩"的名字。"文四野"即文艺战线的第四野战军，解放战争中第四野战军因英勇善战而闻名，取此名即为在文艺战线上勇敢战斗的意思。"阎文野"的意思是在延安文艺哺育下文艺战线的野战军。"晋钧浩"谐音"进军号"，即投入战斗，体现革命性。

"文革"中，集体笔名更是不胜枚举，下面专文再谈。

"集体笔名"是一种社会现象，谁都可以用，愿意怎样用就怎样用，并无什么规定和限制。"文革"之后社会环境变了，用集体笔名的少了，但并未绝迹。最近报纸上就出现了署名"国平""仲祖文""任仲平""钟轩理""郑青原"等的文章，文章牵涉重大国计民生及重要国际关系，且刊载位置醒目，所以引起人们的关注。据介绍，"国平"是"国评"两字的谐音，意思是代表国家的评论；"仲祖文"是"中共中央组织部文章"缩写的谐音；"任仲平"是"人民日报重要评论"简称的谐音；"钟轩理"是"中共中央宣传部理论局"简称的谐音；"郑青原"是"正本清源"的意思。2014年7月初第六轮中美战略与经济对话时，"国平"发文《构建新型大国关系是一种政治智慧》；习近平访问拉美，"国平"发文《积极构建中拉命运共同体》；周永康被查处后，“国平”发文《清除腐败是深化改革的必然之举》。“仲祖文”向全国的党政干部喊话的文章常常出现在《人民日报》头版上，如《考核干部家庭道德绝非“小题大做”》《领导干部要远离“小兄弟”》《不让老实人吃亏》等。

“文革”中流行的集体笔名

“十年动乱”中，集体笔名如雨后春笋般多了起来。1966年5月8日《解放军报》发表了署名高炬的文章《向反党反社会主义的黑线开火》，“高炬”就是解放军报记者处的笔名，是江青控制的写作班子。再如北大、清华写作组的“梁效”“柏青”，文化部写作组的“初澜”，中央党校写作组的“唐晓文”等，这里边以“梁效”最为出名。北大、清华写作组开始还是用“北京大学、清华大学大批判组”署名，后来就署名为“梁效”。“梁效”者，“两校”二字的谐音也。其成员包括冯友兰（1895—1990）、魏建功（1901—1980）、周一良（1913—2001）、林庚（1910—2006）等人。它成了“四人帮”的御用写作班子，奉“四人帮”的旨意，制造舆论。作为“四人帮”的喉舌，“梁效”把自己打扮成无产阶级司令部的发言人、“最高指示”的官方最高阐释者、无产阶级专政下继续革命理论的权威，从而控制舆论，在报刊上连篇累牍地发表文章，引领潮流，红极一时。当时言论很不自由，“四人帮”及其爪牙活动猖獗，动不动就给人扣上一顶“大帽子”，置人于死地。人们畏惧“四人帮”的淫威，不敢越雷池一步，只好转载“梁效”的文章。“梁效”的文章似乎是钦定的文章，所以群众中流传着“小报抄大报，大报抄梁效”的说法。1985年，邵燕祥有两首诗说到“梁效”，正好反映出人们当时对“梁效”的反感。诗曰：

其一

梁效先生不姓梁，曾经赏赐百千强。

只今风动鹅毛管，新曲依稀旧人腔。

其二

旧时梁效写新章，一变摇身也擅场。

莫道城深人未识，菩萨为面鬼肝肠。

上海市委的写作班子在“文革”时期被“四人帮”控制，与北京的“梁效”遥相呼应，也是不可一世。他们以几个集体笔名出现。“丁学雷”“方泽生”是徐景贤控制的写作班子。1966年，这个班子就写批判《海瑞上疏》的文章，以配合姚文元猛攻海瑞戏。“丁学雷”成立之际，正是毛泽东发出“向雷锋同志学习”号召的时候，他们以“丁”为姓，以“学雷”为名，取向雷锋学习的意思，在报刊上经常发表文章。“罗思鼎”取自雷锋的名言“做一颗永不生锈的螺丝钉”，亦即“螺丝钉”的谐音。该班子由在“文革”中造反发迹的复旦大学历史系教师朱永嘉负责，于 1966 年 12 月 18 日宣布造反，成为张春桥直接控制的写作班子。“文革”中上海市委写作组的文艺组下面还有一个鲁迅宣传小组，经上海市委书记徐景贤亲自审批，最后被批准进入这个写作组的成员有 11 人，取“十一个”谐音“石一歌”。他们的任务是塑造一个符合当时政治需要的鲁迅来，以“石一歌”的名义出版了《鲁迅传》（上册）、《鲁迅的故事》，在读者中产生了一定影响。

写过不少批判冯友兰和中国哲学史文章的“司马文”也是一个集体笔名。它是由汤一介（北大哲学系教师）、孙长江（人大哲学系教师）、方克立（人大哲学系教师）、庄印（北大冯友兰的研究生）四人组成。

“文革”前后，各种写作组以集体笔名的形式发表过不少大批判文章，尤其是“四人帮”横行时期更是如此。但集体笔名并不是写批判文章者的专利。“文革”后期，上海市政协编译组（集体笔名“伍协力”，“伍”是“沪”的谐音，“协”代表市政协，“力”表示群策群力）成员包括著名编辑家赵家璧等多人，翻译出版了包括美国作家埃德加·斯诺《漫长的革命》在内的三十余部著作。

在“文革”后期，“童怀周”一名也广为人知。在“四人帮”横行的日子里，“童怀周”冒着生命危险收录悼念周恩来总理的诗词，编辑成《天安门诗抄》，并于1978年由人民文学出版社出版，以表达他们对周恩来总理无限敬仰的心情。为纪念周总理逝世二周年，他们出版了合订本《天安门革命诗文选》及其续集。其实“童怀周”并不是一个人，它是北京第二外国语学院汉语教研室16位教师组成的一个战斗集体。在当时言论尚不自由的情况下，他们冒险共同编辑了《天安门诗抄》等书，“童怀周”这个集体笔名，一看便知是共同怀念周总理的意思。这当然也是对“四人帮”倒行逆施的抗争。这些书出版后，各地纷纷翻印，流传极广。当时尚无版权意识，更没有人以营利为目的。出版、翻印怀念周总理的诗文，是对将天安门前悼念周总理的活动定为反革命事件表示无声的抗议。

以上所谈，虽没有涵盖全部集体笔名，但有代表性的集体笔名基本都谈到了。至于为什么要用集体笔名，我揣测不外乎以下几种原因：①领导的意图；②个人为了表示清高，对署名表现出一种无所谓的态度；③出于某种原因，不愿以真名示人，有意隐姓埋名；④奉命写作，自己有难言的苦衷，不愿别人知道是自己所为；⑤迫于形势，不得不装出“左”的姿态，知道文章经不起时间考验，羞于写出本名。如此等等，不一而足。

也许某个集体笔名有上述一个原因或几个原因，也许几个原因都不是，另有隐情。总之，作为局外人的我们说不清、道不明。也许各有各的原因，不能笼而统之、一概而论，只能具体问题具体对待。总而言之，集体笔名是一种社会现象，也是一种客观存在，值得我们关注。

“三家村”是谁

“三家村”是谁？这对现在的年轻人来说，可能有点陌生，但对经历过“文化大革命”的人来说，却可能记忆犹新。

“三家村”本意指偏僻的小乡村。陆游《村饮示邻曲》中有“偶失万户侯，遂老三家村”的诗句。“文革”中的“三家村”却另有所指。它是指邓拓、吴晗、廖沫沙。在“十年浩劫”中，“三家村”可以说是如雷贯耳，无人不知，无人不晓。简单地说，他们三人都是著名的文化人士，都是正直的共产党人，都是才华卓著的学者、作家，都在史无前例的“文化大革命”中成了众矢之的，遭遇灭顶之灾。邓拓于1966年5月18日被迫自杀，是“文革”中自杀的第一位名人。吴晗于1969年10

月 10 日被迫害致死。廖沫沙吃尽了苦头，被打掉满嘴牙齿，但总算熬到“四人帮”倒台。

之所以被称作“三家村”，是因为 1961 年至 1964 年，他们三个人以“吴南星”一名，在中共北京市委机关刊物《前线》上开辟了《三家村札记》专栏，发表了六十多篇杂文。他们取吴晗的姓“吴”字、邓拓的笔名“马南邨”中的“南”字、廖沫沙的笔名“繁星”中的“星”字，组成“吴南星”一名，联合发表文章。这些文章旗帜鲜明，爱憎分明，切中时弊，短小精悍，妙趣横生，富有哲理，博得广大读者的欢迎和支持。但这些深受群众欢迎的文章的作者在“文革”中却遭到口诛笔伐，被加上莫须有的罪名，吃尽了苦头。三人都在不同的岗位冒着生命危险为新中国的建立而奋斗，谁也没想到在新中国却遭到迫害，甚至丢掉了性命，真让人唏嘘不已！

具体来说，三人的情况又是如何呢？

邓拓（1912—1966），1929 年入光华大学，两年后转入法政学院，1930 年冬参加社联和地下党。他长期从事新闻工作，在担任《晋察冀日报》社长兼总编辑时，于 1944 年 5 月主持编印了首部《毛泽东选集》。邓拓才华横溢，在从事紧张的新闻工作的同时，还从事学术研究，有《中国救荒史》等著作问世。新中国成立后，任人民日报社社长兼总编辑。1958 年，调任北京市委文教书记。1961 年至 1962 年，邓拓遵照“百花齐放，百家争鸣”的方针，以“提倡读书，丰富知识，开阔眼界，振奋精神”为宗旨，应邀在《北京晚报》开辟《燕山夜话》专栏，连续发表了150多篇文章，谈学习，谈青年修养，反对极左和主观主义，在读者中产生了广泛影响。各地报纸纷纷仿效，陆续开辟了类似专栏。这些文章以后还结集为《燕山夜话》单行本出版。文章和单行本都署名“马南邨”。这是因为邓拓曾在马兰村办过《晋察冀日报》，他一直怀念这个小山村，就以它的谐音取笔名为“马南邨”。

吴晗（1909—1969）是著名的历史学家，北京市副市长。1934年毕业于清华大学史学系。上大学时就小有名气，28岁任云南大学教授，后任西南联大教授。1943年加入中国民主同盟。每有集会，就激昂慷慨，大声疾呼保卫抗战胜利，召唤民主。他一直和闻一多、李公朴并肩战斗，名字上了特务的黑名单，如果不是碰巧陪夫人去上海治病，李、闻被刺之后，第三个就将是他。1948年到解放区，1949年以解放军北平管委会副主任身份接管清华大学，并被任命为校务委员会副主任、文学院院长、历史系系主任。同年被选为北京市副市长，主管文教工作。1957年加入中国共产党。他是坦荡无畏的民主斗士，是有建树的副市长，也是严谨治学、一丝不苟的历史学家。

廖沫沙（1907—1990），1930年加入中国共产党，之后从事地下工作。同时参加左联，编辑《远东日报》。后在香港创办《华商报》。解放后历任北京市委宣传部副部长、教育工作部部长、统战部部长等职。

三个人都在北京市委、市政府工作，年龄相仿，又都是学养深厚的学者、作家，联合发表文章是自然的事。这就有了《三家村札记》的问世。

1959年4月，党中央在上海召开中共八届七中全会，毛泽东主席受一部湘剧的启发，针对许多干部和知识分子不敢讲真话、报喜不报忧的状况，提倡学习海瑞敢言的精神。吴晗作为明史专家、领导干部，响应领袖的号召义不容辞，就在胡乔木等人的鼓动下，写了几篇关于海瑞的文章。后又忙里偷闲、见缝插针，写成《海瑞罢官》的剧本，于1960年彩排。不料五年之后，"寻常看不见，偶尔露峥嵘"的江青却用它大做文章。在康生的启发下，以上海为阵地，由江青授意，姚文元执笔，张春桥修改，最后由江青审查定稿，1965年11月10日在上海《文汇报》发表了《评新编历史剧〈海瑞罢官〉》，毫无根据地把《海瑞罢官》中描述的"退田""平冤狱"同八届十中全会批判的"单干风""翻案风"联系起来，说这是"当时资产阶级反对无产阶级专政和社会主义革命的斗争焦点"，猛烈攻击《海瑞罢官》就是这种阶级斗争的一种反映，"是一株毒草"。吴晗被这突如其来的闷棍一下子打蒙了，但他万万想不到这仅仅是他人生悲剧的开场锣。接下来，攻击的目标扩大到北京市委书记处书记邓拓、统战部部长廖沫沙。三人因为署名“吴南星”发表过《三家村札记》的文章，就被放在一口“锅”里边“煮”了起来，一下子成了众矢之的。高音喇叭整天喊着“邓拓吴晗廖沫沙，一棵藤上仨毒瓜”，真是泰山压顶。邓拓、吴晗都付出了他们的生命，家破人亡，廖沫沙成了唯一的幸存者，但也受尽了折磨。

十一届三中全会后，邓拓、吴晗、廖沫沙三人相继得到平反昭雪，被颠倒的黑白又被颠倒过来，还以正义，还以公道。所谓的“三家村”也得到正名。

与胡风有关的笔名

这里所说的“有关”，仅指名字与胡风有这样或那样的关系。

这几个人，有的人的名字是根据胡风建议改的，有的人的名字是胡风给起的，有的人因为胡风改了名字或没有改名字。也许是受鲁迅重视培养文学青年的影响，为“造出大群的新的战士”，胡风也团结了身边一大批青年作家，给他们以热心的帮助和积极的培养。从名字的变化这个角度，从一些偶发事件，我们可以管窥到胡风和他们的关系以及胡风对他们的影响。

首先谈谈小说家彭柏山（1910—1968）。彭柏山是湖南茶陵人，本名彭丙生，又名彭冰山。1931 年由周扬介绍加入左联。1934 年被捕，1935 年在狱中入党。后参加新四军，曾任新四军四纵政治部主任、解放军二十四军副政委。新中国成立后任华东军政委员会文化部副部长、上海市委宣传部部长等。受胡风案株连，1955年被捕。他是被捕的“胡风分子”中职务最高的。彭柏山被扣上“胡风分子”帽子19个月，辗转流徙近十年，在“文革”中又受“四人帮”迫害，直至1968年4月3日含冤与世长辞。1980年，彭柏山获平反昭雪。他是在胡风鼓励下练习写作的。他的《崖边》写成后给胡风看，胡风认为“这是一篇反映苏区斗争和生活的作品，上海没有作家写过，以前虽有反映苏区斗争和生活的作品，那是凭空虚构的，不像柏山有实际斗争经验和生活内容”。胡风将《崖边》给鲁迅看过后，就介绍给杨骚，在杨骚主编的1934年6月出版的《作品》创刊号上发表。后来胡风又将彭的几篇作品编成集子，因为首篇为《崖边》，故以《崖边》为书名，交给巴金主持的文化生活出版社，列为“文学丛刊”之一出版。胡风将署名由“冰山”改成“柏山”。之所以取名“柏山”，寓松柏长青之意。此后“彭柏山”一名就成为他的常用名。

再一位就是路翎（1923—1994），江苏苏州人。本名徐嗣兴。16岁时在重庆《弹花》《时事新编》等刊物上发表作品，用的笔名是“流峰”。他可以说是在胡风培养、提携下成长起来的一位作家。胡风看到他的潜力，给他以热情的鼓励。后来胡风建议他另取一个笔名。他“为了纪念两个朋友，便起了‘路翎’这个笔名”。1940 年 5 月在《七月》第五集第三期的“新作家五人小说集”栏目发表《要塞退出之后》，第一次署名“路翎”。以后他陆续创作了《财主底儿女们》《祖国在前进》，受到胡风的称赞和社会好评，路翎一名也广为人知。后来，路翎受胡风牵连而入狱，受尽迫害。平反后他仍称胡风是他“一起共患难的友人和导师”。

另一位要说的就是梅志（1914—2004），她本名屠玘华，江苏常州人。1932 年加入左联，1933 年 12 月与胡风结婚。婚后，梅志协助胡风编辑出版《七月》《希望》等刊物。在胡风的帮助、扶持下，梅志不断充实提高自己。在承担抚育子女等家务劳动的同时，梅志仍写作不辍，坚持从事儿童文学创作。梅志外柔内刚，是胡风的忠诚伴侣，与胡风同甘苦、共患难，相濡以沫。1955 年 5 月，梅志因“胡风反革命集团案”被捕。1966 年 2 月，伴随胡风到四川，他们在这里劳动十多年，历尽艰辛和屈辱。在此期间，她不离不弃，生活上给予悉心照顾，精神上予以积极支持，使胡风坚持活了下来。胡风错案平反后，她发表了大量童话和回忆录，出版了《梅志童话》《往事如烟——胡风沉冤录》《胡风传》等，保留了许多第一手资料，极富史料价值。梅志与胡风相识时还是一个单纯的姑娘，在胡风的帮助和影响下不断进步。她的习作发表时，胡风给她取名“梅志”，取意于梅花有傲霜雪的坚强。果然，她名副其实，是经得起风霜折磨的梅花。

还有两个人，一个是因胡风的关系没有改名，一个是因认识胡风而改了名字。没有改名的是诗人彭燕郊（1920—2008），福建莆田人。本名陈德矩。他第一次投稿用的笔名是彭燕郊，还用过李熟、紫堇、冷唇、陈思勤等几个笔名。他发表《战斗的江南季节》时想换个笔名，征求胡风的意见，胡风却回答："已经付印，来不及了。"胡风还说："名字不过是个符号，不改算了。"于是他就没有改，并一直沿用了下来。另一个是当时的青年作家张中晓（1930—1966），他与胡风通过通信来往而相识，1955 年因受"胡风反革命集团案"牵连入狱，被捕时仅 25 岁，"文革"期间死于贫病交困。他本名张晓中，与胡风相识后，知道胡风几个孩子名字都是"晓 ×"，而他与胡风同姓，怕别人误以为他是胡风的孩子，就将原来名字中的两个字颠倒过来成了"张中晓"。

“茅盾文学奖”获得者笔名举隅

“茅盾文学奖”是我国第一个以个人名义命名的文学奖，是中国长篇小说最高奖项之一。

这个奖项是根据茅盾的遗愿设立的。茅盾为鼓励文学创作，尤其是长篇小说的创作，捐献出稿酬 25 万元设立了该文学奖。“茅盾文学奖”由中国作家协会主办，1982 年开始评选，现在每四年评一次，已评到第九届。由于李嘉诚的捐赠，2011 年起，“茅盾文学奖”的奖金由当初的 5 万提高到 50 万元，为中国奖金最高的文学奖。九届获奖者已达 40 余人。这些获奖者，有的人用的是本名，也有不少人用的是笔名。有的笔名成了常用名；有的笔名用过一段时间就不再用了；有的只是偶尔一用；有的曾用过多个笔名，最后选用了一个笔名作为常用名……下面列举几位，以供读者饭后一览。

魏巍（1920—2008），河南郑州人，曾任全国青联副主席、《解放军文艺》副主编等职。解放初，散文《谁是最可爱的人》发表，产生了很大影响，并被选入中学语文教材。获奖作品是《东方》。他本名魏鸿杰，笔名曾用过宏洁、泓洁、芦笛、芦荻、鲁迪、魏大、红杨树、委鬼四郎等。魏巍是他的主要笔名，也是他的常用名。

姚雪垠（1910—1999），河南邓州人，获奖作品是《李自成》（第二卷）。本名姚冠三，笔名曾用过冬白、小雪、白、冰、冬、雪、沉、恩、冰天、雪痕、雪垠等。姚雪垠是1934年由姚雪痕改成，既是他的笔名，也是常用名。

李凖（1928—2000），河南洛阳人，满族，原姓木华梨，后来简化为李，取名李铁生。曾任中国作家协会副主席、中国现代文学馆馆长，获奖作品是《黄河东流去》。早年描写合作化的小说《不能走那条路》在全国反响较大，以后有短篇小说集《李双双小传》、电影文学剧本《老兵新传》《牧马人》等蜚声文坛。他发现有与他重名的文学工作者，于是特别著文声明将名字改写为“李凖”。不过由于原名广为人知，所以一名两种写法并存。

古华，生于1942年，获奖作品为《芙蓉镇》。本名罗鸿玉，笔名古华、罗征波，以古华更为出名。

刘心武，生于1942年，四川成都人。曾任《人民文学》主编。1977年发表短篇小说《班主任》，该小说获得1978年全国优秀短篇小说奖。获得茅盾文学奖的作品为《钟鼓楼》。曾用笔名刘浏。

路遥（1949—1992），陕西清涧人。曾任中国作协西安分会副主席。获奖作品是《平凡的世界》。本名王卫国，曾用笔名缨依红。

王火，生于1924年，江苏如东人。曾任四川文艺出版社总编辑，获奖作品是《战争和人》（三部曲）。本名王洪溥，笔名王公亮、公亮、虚舟、田炎、江枫等。

宗璞，生于1928年，河南唐河人。获奖作品是《东藏记》。本名冯钟璞，曾用笔名任小哲、丰非，常用笔名宗璞。

贾平凹，生于1952年。陕西省丹凤人，陕西作协主席。获奖作品是《秦腔》。本名贾平娃，后改为贾平凹。早年曾用过吴胡然的笔名。

周大新，生于1952年，河南邓州人。获奖作品是《湖光山色》。曾用笔名普度。

莫言，生于1955年，山东高密人。中国首位诺贝尔文学奖获得者。现任中国作协副主席。获茅盾文学奖的作品为《蛙》。本名管谟业，笔名莫言。

格非，生于1964年，江苏丹徒人，现为清华大学教授。

获奖作品是《江南三部曲》。本名刘勇，格非是笔名。

王蒙，生于1934年，河北南皮人。曾任文化部部长、中国作协副主席。获奖作品是《这边风景》。曾用笔名阳雨。

苏童，生于1963年，江苏苏州人。获奖作品是《黄雀记》。本名童中贵，笔名苏童。

外国作家也有笔名

“笔名”一词是外来词语，是由 pen name 或 pseudonym 翻译而来。中国作家署用笔名，也受到外国作家一定的影响。“笔名”一词既是舶来品，外国作家用笔名自然是再正常不过的事了。

列宁（1870—1924），本名是弗拉基米尔·伊里奇·乌里扬诺夫。他在流放西伯利亚的三年中，写下了《俄国资本主义的发展》一书，从而开始使用“列宁”这个名字，以后“列宁”这一名字就逐渐为人所知。他最终成为无产阶级革命的导师，本名倒很少为人知晓。

苏联无产阶级文学的奠基人高尔基（1868—1936）用的也

是笔名。他原名阿列克赛·马克西莫维奇·彼什柯夫。高尔基出身贫苦，在苦难中长大。他生于木工之家，11 岁时出外谋生。为了生存，他当过学徒、搬运工人、园丁、面包师傅，饱尝了社会底层人民的痛苦。高尔基在一般人难以想象的恶劣环境中仍坚持读书、自学。他从事文学创作，取得了巨大成就，产生了很大影响，1934 年当选为苏联作家协会主席。他所写的自传体三部曲《童年》《在人间》《我的大学》，描写了他成长的艰苦环境和自学经历。"高尔基"一名，是他 1892 年在《高加索报》发表处女作、短篇小说《马卡尔·楚德拉》时用的署名。这篇稿子送到编辑手中时，编辑甚为赞赏，但没有署名。后来编辑就建议他用"马克西姆·高尔基"这个名字。"高尔基"俄文原意是"痛苦"的意思，那么这个名字的意思就是"痛苦的马克西姆"。此后"高尔基"一名便传遍世界，受到人们的爱戴和敬仰。

伊林（1895—1953）是苏联科普作家伊里亚·雅可夫列维奇·马尔沙克的笔名。他致力于通俗科普作品的写作，如《十万个为什么》《人与自然》等。他是一位卓越的科学文艺读物作家、苏联科学文艺作品奠基人之一。他的作品曾吸引过无数爱好科学的进步青年，是 20 世纪三四十年代中国读者熟悉和喜爱的作家。

博马舍（1732—1799），法国剧作家。全名加隆·德·博马舍，代表作为《费加罗的婚姻》。因他继承了结婚不到半年就亡故的妻子一块俗称“博马舍”的领地，为怀念感情甚笃的妻子，他后来发表作品就取了“博马舍”这个笔名。

司汤达（1783—1842），法国小说家，代表作为《红与黑》，原名亨利·贝尔。1817 年在意大利米兰时，写了一本游记，因为自己与烧炭党（意大利秘密革命组织）人交往密切，为了不连累他人，于是决定以笔名出版。用什么名字呢？他阅读德国美学史家温克尔曼的传记，知道其故乡是司汤达。而这个地方他十多年前还住过五天，并受到一位美丽姑娘的热情接待，使他难以忘怀，于是就取了“司汤达”这个笔名。他一生用过 170 多个笔名。看来不仅中国有的作家笔名繁多，达一百多个甚或二百个左右，外国作家中用笔名多的也大有人在，不过他最常用、用得最多的还是司汤达。

马克·吐温（1835—1910）是 19 世纪后期美国杰出的作家。他的名篇《竞选州长》揭露了美国所谓的民主选举制度的弊端，他还以长篇小说《汤姆·索亚历险记》《哈克贝利·费恩历险记》《王子与贫儿》等享誉世界。其作品幽默讽刺，语言简练，多采用民间语言。马克·吐温本名萨缪尔·兰亨·克莱门斯。他 12 岁时父亲去世，很小就开始劳动，当过印刷所学徒、送报人、排字工、船上的领航员、记者等。19 世纪 60 年代后期开始文学活动。他的名字马克·吐温在英语里是水手的术语，意思是水深12英尺，表示船可以顺利通行。其名字也颇有幽默意味。

巴勃罗·聂鲁达（1904—1973），智利社会活动家、诗人，1957年曾任智利作家协会主席，原名内夫塔利·里卡多·雷耶斯·巴索阿尔托”。他从十三四岁起开始发表作品，1924年以诗集《二十首爱情诗和一支绝望的歌》登上了智利诗坛。当初其父极力反对他从事文学创作，为了不惹怒父亲，他便使用笔名发表作品，因他喜爱捷克诗人扬·聂鲁达的作品，便取了勃罗·聂鲁达这个笔名，并以这个名字获得1971年诺贝尔文学奖。

埃利蒂斯（1911—1996），希腊诗人。他从小学过政治、哲学、法律，20岁开始进行诗歌创作，发表诗集十多卷，还有一本散文集，代表作是《英雄挽歌》《理所当然》，1979年获诺贝尔文学奖。埃利蒂斯原名阿勒普利斯，其父是工厂主。为了不和富裕家庭发生联系，他改名奥季塞乌斯·埃利蒂斯。这一姓名含有“希望”“自由”“美丽”等意思在内。他的诗作多描写太阳、日光及其所象征的纯洁、光明，所以他被称为“饮日诗人”。

其他还有法国启蒙运动的领袖人物、作家伏尔泰（1694—1778），本名弗朗梭阿·马利·阿鲁埃；法国进步作家和世界闻名的反战主义者罗曼·罗兰（1866—1944），他用“圣正义”的笔名于1898年发表了为德雷福斯辩护的剧本《群狼》，其代表作是《约翰·克利斯朵夫》，曾获1915年度诺贝尔文学奖；19世纪末日本优秀女作家、近代批判现实主义文学早期开拓者之一的樋口一叶（1872—1896），本名樋口夏子；日本共产党领导人野坂参三（1892—1993），曾任日本共产党政治局委员、书记处第一书记及日共主席等职，抗日战争时期曾在延安组织反战同盟，曾以林哲、冈野进的笔名发表过一些重要文章；日本现代作家三岛由纪夫（1925—1970），本名平冈公威，上学期间就以现在的笔名发表习作；等等。

外国作家取中国名

外国作家取中国名字，是指有的外国作家直接取了一个中国名字或取了一个和中国有关的名字。这些人不是喜欢中国文化就是喜欢中国，或是受某人某事的影响，或是在中国生活或在中国长大。而名字有的是自己所取，有的是由熟悉中国文化的人或中国友人帮助所取。总之，外国作家取中国名字，总是和中国有某些直接或间接的关系。

赛珍珠（1892—1973），美国女作家，本名珀尔·赛登斯特里克·布克。父母长期在中国传教，自幼随父母在中国长大，所以起名“赛珍珠”。她一生写了小说、传记、儿童文学、文艺评论等 85 部著作。1938 年获得诺贝尔文学奖。她前半生生活在中国，接触到中国社会和各阶层人士，对中国社会、文化、风土人情、自然风貌有较多了解，1931 年还创作了以中国人生活为题材的小说《大地》。她还将《水浒传》翻译成英文。

费正清（1907—1991），原名约翰·金·费尔班克。他是美国著名的中国问题专家、首屈一指的“中国通”。他首创哈佛东亚研究中心（后更名为费正清东亚研究中心）。一般美国的中国问题专家都爱起个中国名字，费正清正是他的中文名。费正清有许多中国朋友,他的这一名字正是一名中国友人所起，有说是梁思成起的。这个名字寄托着友人希望他做一名正直清白的学者专家的良好祝愿。

李约瑟（1900—1995），原名约瑟夫·尼达姆，英国皇家学会会员、世界著名科学家、科学史家。其著作《中国科学技术史》一书影响深远。他在研究中国科学技术发展历史的同时，对中国道家和炼丹术也有较深研究,因而对道教创始人老子(李耳）甚为尊崇，故取中国名字时，以老子李耳的“李”为姓，加上他姓名中的“约瑟”二字成“李约瑟”一名，又取字“丹耀”、号“十宿道人”。

再看我们的西邻印度。伟大的作家、诗人、艺术家和社会活动家泰戈尔（1861—1941）名字的全称是罗宾德拉那特·泰戈尔。他多才多艺，著作等身，一生共写了 50 多部诗集、12 部中长篇小说、100 多篇短篇小说、20 多个剧本以及不少哲学、政治著作和散文。两次世界大战期间，他一方面投身反对帝国主义侵略的斗争，一方面继续创作。他的作品在印度近代史上占有重要的地位。1913 年他的诗集《吉檀迦利》获诺贝尔文学奖。他是亚洲第一位获得诺贝尔文学奖的作家。1924 年他首次访问中国，一位中国朋友赠给他一枚刻有“泰戈尔”三字的图章，他非常感动。他很希望有一个中国名字。这年的 5 月 7 日正好是泰戈尔的 64 岁寿辰，梁启超在致贺词时说，“从前印度人称中国为震旦”，过去一些人来中国，大半以所来之国为姓，“我用极诚恳、喜悦的心情，将两个国名联起来，赠给他一个新名叫‘竺震旦’”。原来古印度称中华为“震旦”，而中国人称印度为“天竺”。按中国人的习惯先称姓后称名，那么泰戈尔的中国名字就是“竺震旦”。泰戈尔欣然接受。“竺震旦”三字既反映两个文化名人之间的情谊，也象征着中印友好传统和中印文化的源远流长。

再说我们的东邻日本。日本与中国一衣带水，受中国文化影响较大，所以日本人取中国名字的就更多。同时日本人对中国文化了解、研究得更为深入，所以日本与中国的关系就更为密切，日本人所取的中文名字含义往往更为深刻。日本小说家夏目漱石（1867—1916），本名夏目金之助，代表作是小说《我是猫》。夏氏对中国古典文学非常喜爱，幼时熟读唐宋诗数千首。先取名夏目枕流，后更名夏目漱石。“漱石”的典故来自《世说新语·排调》的“枕石漱流”，其意是用石头作枕头，用流水漱口，指归隐山林的生活。夏目金之助更名夏目漱石，正是为了砥砺自己高洁自好的品格。他一生坚持批判的态度，以他鲜明的个性、丰富多彩的艺术才能，在日本近代文化史上占有重要地位。有意思的是，中国现代女作家梅娘（1920—2013）说，1938 年她在日本阅读日本作家的作品，首选夏目漱石，主要是由于他的名字。因为形容中国知识分子不恋物、热爱自然的一句成语就是“枕石漱流”。看到这个名字，她就觉得与作者有相通的感觉。

日本著名汉学家诸桥辙次（1883—1982）出生在一个书香世家。他 5 岁学《三字经》，7 岁读“四书五经”，14 岁上义塾，专攻汉学 3 年。后又来中国深造，与蔡元培、马叙伦、胡适等文化名人交往密切。经过他数十年的不懈努力，于 1960 年编成 5000 万字的《大汉和辞典》，获得日本文化勋章。诸桥辙次的父亲一生酷爱中国文化，决心要儿子做一名汉学家，出于对宋代文学家苏辙的仰慕，为儿子取名“辙次”。

日本历史小说家司马辽太郎，生于 1923 年。他创作了歌颂中日文化交流的《空海的风景》等作品，在日本反响甚大，曾获七种文学奖项，代表作为《枭之城》。他原名福田定一，司马辽太郎是他的笔名。这个笔名前两个字是中国人的姓（复姓“司马”），后一半是日本名。由于福田定一倾慕《史记》

的作者司马迁，故取“司马”为笔名的姓，取名辽太郎，意为自己比司马迁远为逊色。